A depressão é a perda de uma ilusão

Transmissão da Psicanálise
diretor: Marco Antonio Coutinho Jorge

J.-D. Nasio

A depressão é a perda de uma ilusão

Tradução:
Clovis Marques

2ª *reimpressão*

Copyright © 2021 by Éditions Payot & Rivages

Grafia atualizada segundo o Acordo Ortográfico da Língua Portuguesa de 1990, que entrou em vigor no Brasil em 2009.

Título original
La depresión es la pérdida de una ilusión

Capa
Bloco Gráfico

Imagem de capa
Sem título, de Fernando Burjato, 2020. Guache sobre papel, 32 × 24 cm. Coleção do artista.

Revisão técnica
Marco Antonio Coutinho Jorge

Preparação
Angela Ramalho Vianna

Revisão
Renata Lopes Del Nero
Gabriele Fernandes

Dados Internacionais de Catalogação na Publicação (CIP)
(Câmara Brasileira do Livro, SP, Brasil)

Nasio, Juan-David
  A depressão é a perda de uma ilusão / J.-D. Nasio ; tradução Clovis Marques. — 1ª ed. — Rio de Janeiro : Zahar, 2022.

  Título original: La depresión es la pérdida de una ilusión.
  Bibliografia.
  ISBN 978-65-5979-065-4

  1. Depressão – Aspectos psicológicos 2. Depressão – Tratamento 3. Psicanálise I. Título.

22-105029   CDD: 150.195

Índice para catálogo sistemático:
1. Depressão : Psicanálise   150.195

Eliete Marques da Silva – Bibliotecária – CRB-8/9380

Todos os direitos desta edição reservados à
EDITORA SCHWARCZ S.A.
Praça Floriano, 19, sala 3001 — Cinelândia
20031-050 — Rio de Janeiro — RJ
Telefone: (21) 3993-7510
www.companhiadasletras.com.br
www.blogdacompanhia.com.br
facebook.com/editorazahar
instagram.com/editorazahar
twitter.com/editorazahar

As cinco lições que você vai ler foram apresentadas em Paris para um numeroso público de profissionais e não profissionais. Fiz questão, assim, de que fossem acessíveis ao leitor sem qualquer formação psicanalítica. O meu mais vivo desejo é que estas páginas façam você pensar e, vez por outra, adentrar o interior de si mesmo.

Minhas páginas preferidas:
11-15, 26-31, 65, 75-77, 122-123, 128-138, 176-177

Sumário

PRIMEIRA LIÇÃO O que é a depressão? 9

SEGUNDA LIÇÃO Qualquer um pode ficar deprimido? 61

TERCEIRA LIÇÃO Como ajudo meus pacientes deprimidos a se curarem? Uma nova maneira de tratar a depressão 125

QUARTA LIÇÃO Cérebro e depressão 151

QUINTA LIÇÃO A depressão covid-19 167

Referências bibliográficas 179

Índice geral 183

PRIMEIRA LIÇÃO

O que é a depressão?

Não me dirijo a todos vocês, mas a cada um em particular.

J.-D. N.

PARA MIM É UMA GRANDE RESPONSABILIDADE falar para um público tão numeroso, me dirigir a vocês, que querem saber o que a pessoa deprimida vivencia no mais profundo de si mesma. Sou extremamente sensível ao entusiasmo de vocês, que me inspira e me move. Gostaria de propor cinco lições que espero estarem à altura da expectativa de todos. Sei que muitos aqui são profissionais que recebem regularmente pacientes deprimidos. Desejo sinceramente que as conferências deste ano lhes sejam úteis para melhorar sua maneira de pensar a depressão, de ouvir o paciente deprimido, e sobretudo para saberem falar com ele. Vocês me conhecem, é sempre o mesmo desejo que me move. Toda vez que preparo uma lição, toda vez que lhes falo, minha intenção é uma só: influenciá-los, influenciá-los pessoalmente. Digo pessoalmente porque bem lá no fundo não me dirijo a todos vocês, mas a cada um em particular. Sim, ensinar é isso, uma influência, uma ascendência íntima e fecunda. Ensinar não é apenas transmitir conhecimentos, mas também suscitar no ouvinte a atitude mental e emocional mais adequada à sua própria prática. Quando penso por exemplo em nossa prática de escuta terapêutica, eu diria que a atitude que gostaria de criar em vocês é o entusiasmo de entrar no mundo interno do paciente, esquecendo o que aprenderam. Certamente, é necessário ler muito e aprender muito pela experiência, mas não é nunca o seu saber que leva à cura, e sim a sua inocência, sua curiosidade, sua vontade de chegar até o outro e descobrir o mistério dele. É você quem cura porque, ao deixar em suspenso o seu saber, vai se tornar emocionalmente novo e plenamente receptivo a tudo que emana do outro. Só então, sem nenhum a priori, você estará em condições de dizer ao paciente o que percebeu sobre ele e que o fazia sofrer. Digamos então, de maneira geral, que todo aquele que ensina, seja qual for a disciplina, deve estimular o aluno a estudar e depois esquecer o que aprendeu, reencontrando a inocência e se abrindo para o inesperado da vida.

*

Durante as lições que vivenciaremos juntos, tentaremos aprofundar a teoria e a clínica da depressão. Eu próprio não me canso de trabalhar e retrabalhar o tema desde a época da minha residência, em 1964. No departamento de psiquiatria em que fazia minha especialização, fui encarregado de acompanhar mulheres idosas deprimidas. Ainda ouço meu chefe de departamento dizer — eu devia ter 23 anos: "Nasio, a partir de hoje você vai se encarregar das consultas de mulheres de idade que sofrem de depressão". Vejo-me no hospital com o jaleco branco, atravessando a sala de espera às oito horas da manhã, uma sala já cheia de senhorinhas enrugadas e tristes. Sofrendo de despertar precoce, como muitos deprimidos, elas se levantavam ao alvorecer, às cinco horas, com uma única ideia na cabeça: ir à consulta médica. Lembro-me perfeitamente do compartimento minúsculo onde eu recebia essas mulheres sofridas, uma depois da outra, durante toda a manhã. Ouvindo-as, ficava impressionado ao constatar que muitas se mostravam particularmente amarguradas. Claro, estavam deprimidas e tristes, mas era uma tristeza rancorosa. Na época eu não me detinha nessa raiva, embora ela fosse tão evidente. Só muito depois me dei conta de que por trás da camada de tristeza transparecia raiva, rancor e ódio. Compreendi que, para tratar a depressão, é preciso fazer o analisando reconhecer seu ressentimento em relação àquele que o teria traído, muitas vezes um parente ou um amigo. É um ódio que o paciente acaba voltando contra si mesmo, a ponto de se deprimir: ódio ao outro, ódio a si mesmo.

Adiante voltarei ao caráter acrimonioso da tristeza do deprimido, mas gostaria desde já de compartilhar essa lembrança da juventude e fazê-los sentir o quanto o tema da depressão me acompanha desde o início de minha prática hospitalar e mesmo de minha prática liberal como psicanalista. Minha primeira paciente, recebida em sessão particular em 8 de janeiro de 1965 — data de que não me esqueço —, era uma doente bipolar, medicada com lítio, que acompanhei durante quatro anos, até me transferir para a França. Era uma mulher de origem suíça, de seus cinquenta anos, sem filhos, que foi me consultar acompanhada do marido. Ele era um homem baixo, falando um espanhol com forte sotaque de Berna, que se sentia totalmente desamparado diante das crises depressivas e das numerosas tentativas de suicídio da esposa. O que mais o combalia, contudo, como acontece com frequência com o cônjuge do doente bipolar, não eram os acessos depressivos de Eva, mas seus acessos maníacos, quando, por exemplo, ela se levantava no meio da noite para pintar as paredes da sala ou botar para dentro de casa mendigos com os quais tinha relações sexuais, ignorando a presença do marido. Estes são sintomas graves, maníacos e suicidas, que confirmam a que ponto a bipolaridade pode ser uma psicose. Decididamente, a depressão, quaisquer que sejam suas variantes, sempre desperta em mim essa paixão por entendê-la, teorizá-la e tratá-la.

Dois pontos de vista sobre a depressão: Descritivo e psicanalítico

Vamos agora investigar o que é a depressão. Podemos defini-la a partir de dois pontos de vista diferentes e complementares: um ponto de vista descritivo e outro psicanalítico. Do **ponto de vista descritivo**, a depressão é um conjunto de sintomas observáveis, sendo o mais importante deles um humor anormalmente triste. Assim, a fórmula consagrada que encontrarão na maioria das obras sobre a questão afirma que a depressão é um distúrbio do humor ou, se preferirem, um transtorno do estado emocional. É uma definição particularmente restritiva, pois se limita a caracterizar a depressão pelo que ela nos mostra: um humor triste. Com efeito, o ponto de vista descritivo se restringe a constatar a hipertrofia da tristeza, sem procurar saber qual é sua causa. Aqui, a depressão é simplesmente o que percebemos.

E, em sentido oposto, há o **ponto de vista psicanalítico**, tal como o entendo, que define a depressão precisamente com base nas causas que a provocam. Aqui, a depressão é de fato o que percebemos, mas sobretudo aquilo que supomos haver por trás do que percebemos. E o que supomos? O que eu suponho? Suponho as causas ocultas que estariam na origem do humor anormalmente triste da pessoa sentada à minha frente. E então, vendo a expressão amargurada em seu rosto e ouvindo-a se queixar dos outros e de si mesma, fico pensando que sua tristeza foi provocada por uma perda, a perda não só de um objeto amado e externo, mas talvez de um objeto interno, de algo dentro de si mesma, algo de si mesma — em uma palavra, de uma ilusão. Sim, o deprimido está triste não só por ter perdido o que tinha, mas sobretudo por ter perdido o que era, e eu diria mesmo por ter perdido a ilusão que lhe dava força para ser o que era.

Suponho, assim, que aquele que me fala está triste por ter perdido uma ilusão. Que ilusão? A ilusão de ser onipotente e invulnerável à infelicidade. É como se, desde a infância, muito antes da depressão, o deprimido de hoje vivesse fechado numa bolha de ilusão narcísica que o fazia sentir-se todo-poderoso e o apartava da realidade: "Enquanto eu sonhar que sou forte, sinto-me forte e nenhuma desgraça pode me acontecer". Essa é a ilusão, a miragem infantil que o deprimido perdeu.

A depressão é uma tristeza anormal provocada pela perda de uma ilusão

Vocês devem estar com a impressão de que avanço rápido demais, mas eu gostaria desde logo de fazê-los conhecer o essencial da minha interpretação do fenômeno depressivo. Para mim, a depressão, mais que um distúrbio do humor, ocorre quando uma ilusão infantil de onipotência narcísica resvala para uma desilusão devastadora de sentir que não se é mais nada. Assim, gostaria de lhes demonstrar que **a depressão é antes de tudo uma patologia da desilusão**. Será essa a ideia central destas lições, que desenvolverei à medida que avançar. Por enquanto, fiquemos com a proposição dinâmica de que a depressão é a reação à perda dolorosa de uma ilusão egocêntrica, a passagem de um estado emocional já frágil — o estado de um ser inflado por uma ilusão — a um estado emocional francamente doente: o estado do mesmo ser esvaziado de sua ilusão. Resumiremos então, numa frase, que **a depressão é uma tristeza anormal provocada por uma amarga desilusão**. Será nossa primeira e mais importante definição de depressão. Peço que guardem a palavra *"desilusão"*, pois ela designa o essencial: um movimento de **queda**. De fato, quanto mais alta tiver sido a ilusão narcísica, mais dura será a queda na desilusão.

Ora, esse desmoronamento da ilusão narcísica é vivenciado por aquele que entra em depressão como um **choque emocional**. Choque que pode decorrer da descoberta de uma infidelidade insuspeitada, de um luto repentino e muito doloroso, de uma imprevisível perda monetária ou de uma demissão arbitrária. Em todos esses casos sabemos identificar o choque emocional, mas outras vezes nos é difícil localizá-lo, particularmente quando não se trata de um acontecimento único, mas de um acúmulo de decepções e humilhações, por exemplo um funcionário constantemente afrontado pelo chefe.

Se me reporto à infância do paciente, contudo, devo acrescentar que, para entrar em depressão, foi necessário que ele sofresse não apenas um choque emocional recente, mas também um **trauma psíquico infantil** — abandono, maus-tratos ou abuso sexual — que provocou uma reação de neurose pós-traumática.

Temos então dois acontecimentos altamente perturbadores que se abateram sobre o eu do futuro deprimido. Para começar, um **trauma psíquico** ocorrido antes dos dezesseis anos e cujo violento impacto atingiu as fundações de um psiquismo ainda em formação. Depois, temos o **choque emocional** ocorrido mais tarde, na idade adulta, e cujo impacto levou o sujeito a perder a ilusão de onipotência que mal ou bem compensava a instabilidade nele instaurada pelo trauma psíquico infantil. Para explicar melhor, vejamos uma alegoria. Uma coisa é a poliomielite que paralisa as pernas de uma criança; outra coisa é, no adulto inválido, a perda da muleta que lhe dava mobilidade. Uma coisa é o dano à massa cinzenta da medula espinhal da criança — teríamos nesse caso o **trauma psíquico**; outra coisa é a perda da muleta, ou seja, a perda da ilusão que equilibrava o paralisado, perda que o faz cair — este seria então o **choque emocional**. O trauma psíquico prostra a criança, que para se reerguer se agarra a uma ilusão; e vinte anos depois o choque emocional desequilibra o adulto, que perde sua ilusão infantil e entra em depressão.

Acrescentarei aqui uma observação que certamente vai interessar ao clínico que há em cada um de vocês. Seja no trauma psíquico, seja no choque emocional, o impacto no sujeito pode se dar de uma só vez, de maneira súbita e maciça, ou em uma série de microimpactos que aos poucos geram um estado de hipersensibilidade a qualquer mínima frustração. Esse conceito de **microimpactos** que aqui proponho, sejam microtraumas na infância ou microchoques emocionais na idade adulta, foi desenvolvido por mim para responder ao problema que enfrentamos com certos pacientes deprimidos quando não conseguimos datar o incidente traumático infantil ou identificar o choque emocional recente. Seja numa criança traumatizada ou num adulto em choque, acabei por me dar conta de que **um único impacto maciço ou o acúmulo de vários pequenos impactos que se somam podia produzir o mesmo abalo.** Quando perguntamos ao analisando deprimido se não foi perturbado na infância por um evento particularmente doloroso, às vezes ele responde: "Não. Acho que não. Minha infância até que foi tranquila. Não me lembro de ter passado por momentos particularmente dolorosos". Mas se insistimos em obter detalhes da relação com a mãe ou com o irmão mais velho, por exemplo, descobrimos que de fato não houve um incidente traumático preciso, mas um período sofrido na infância. Tomemos o caso de um menino maltratado durante anos por uma mãe solo e colérica. O menino não apanhava, mas foi submetido diariamente a gritos cortantes e desdenhosos que podem ser piores que pancadas: "Você não presta! É um covarde como seu pai! Nunca vai ser ninguém!". Berros humilhantes de uma mãe que acabam ferindo a criança e privando-a de uma existência serena. Essa imagem de um dano progressivo que corrói o ser me lembra o suplício chinês da gota d'água que cai interminavelmente na cabeça do condenado, até deixá-lo louco. Em suma, sofra a criança o impacto traumático num único momento ou prolongado no tempo, o efeito é o mesmo: um dano aos alicerces do seu ser. E, paralelamente, sofra um adulto o impacto de um único choque emocional ou de vários microchoques acumulados, o efeito é o mesmo: o desencadear de uma depressão.

Não posso continuar falando do trauma psíquico sem lhes lembrar um fato que podem constatar por vocês mesmos, de tão evidente, e que se impôs a mim ao escrever estas linhas. Do que se trata? Cada um de nós, neuróticos que somos, sofreu na infância e na juventude vários traumas inevitáveis que afetaram nosso eu, sem chegar a lesá-lo. Entre esses que denomino **traumas de crescimento**, absolutamente necessários ao desenvolvimento de nossa personalidade, temos o nascimento de um irmãozinho, o divórcio dos pais ou a morte de um dos avós; são todos traumas que, uma vez superados, nos ajudaram a amadurecer, mas também nos perturbaram até instalar em nós uma neurose que é comum a todos.

A depressão é a espuma da neurose

Gostaria agora de refinar minha interpretação do fenômeno depressivo, valendo-me de uma terminologia clínica que me levará a lhes propor uma segunda definição psicanalítica da depressão, além da definição primeira da **depressão como a perda de uma ilusão**. Ambas as definições, asseguro-lhes, foram forjadas teoricamente no cadinho da prática cotidiana com meus analisandos. Foram eles, basicamente, que me ensinaram a pensar a depressão tal como a exponho aqui. E o que me ensinaram? Que a depressão não é uma entidade em si, isolada, e sim a falência de uma outra entidade chamada neurose. Afirmei há pouco que a depressão era a passagem de um estado emocional já frágil, de um ser inflado por uma ilusão, a um estado emocional francamente doente, do mesmo ser esvaziado de sua ilusão. Agora substituo "estado emocional já frágil" por "*neurose*"; "passagem" por "*falência da neurose*", falência que, em outro vocabulário, caracterizamos como "perda de uma ilusão de onipotência", ou, alegoricamente, como "perda da muleta"; e por fim substituo "estado emocional francamente doente" por "*depressão*". Digamos então que o deprimido é uma pessoa altamente neurótica que desmoronou no dia em que perdeu sua ilusão de onipotência.

Aqui devo fazer uma ressalva. A bem da clareza, tive de deixar de lado as variedades de depressão ocorridas em pacientes com patologias graves: psicose, perversão, toxicomania, anorexia ou bulimia, demência senil ou ainda doença orgânica grave, todas elas patologias que podem se associar a uma depressão. Em nossa lição de hoje preferi estudar apenas a depressão mais frequente, a que acomete pacientes neuróticos. Digo "a mais frequente", mas poderia dizer também "a mais eloquente", pois ela nos mostra como nenhuma outra a gênese da depressão.

Assim, considerar que a depressão é o colapso de uma neurose, sua descompensação, implica que a ação do clínico deve se voltar não apenas para a depressão em si, mas sobretudo para a neurose que a fomentou. **Se conseguirmos aliviar o paciente deprimido da sua neurose, automaticamente iremos aliviá-lo da sua depressão.** Para retomar a palavra "ilusão", eu diria que, para tratar a cruel **desilusão** num deprimido, devemos antes encontrar e fazê-lo encontrar a ilusão infantil que o subjugava antes de ele se deprimir. Peço que tenham sempre em mente essa recomendação técnica, pois ela expressa a orientação que domina meu trabalho: **eu não ataco apenas o mal de agora, a depressão; ataco a raiz do mal: a neurose e suas ilusões infantis.** E justamente, para ilustrar a ação de um psicanalista que, para tratar a depressão, trata a neurose, vou lhes apresentar mais adiante, na terceira lição, o caso de Laurent. Poderão então me ver em ação com um paciente deprimido, desde a primeira consulta.

Quero deixar bem enfatizado. Para mim, a depressão é a manifestação de uma neurose que se descompensou, da mesma forma como um acesso de febre é a manifestação de uma bronquite que se agravou. Tratar um paciente deprimido sem levar em conta o fato de que ele é um neurótico descompensado é como tratar um paciente febril sem pensar na infecção que provocou a febre. A depressão é a febre, a neurose é a infecção. Numa palavra, **a depressão é a espuma da neurose**. Mas não devemos nos enganar: seja uma febre ou uma espuma, a depressão será sempre uma doença grave, com considerável risco de suicídio.

A propósito de febre, devo precisar desde logo que, assim como existem na medicina doentes que sofrem de acessos repetidos de febre crônica, existem também neuróticos que sofrem de acessos repetidos de depressão. Essa depressão repetitiva se chama depressão crônica, e é sempre difícil de curar. Temos assim, por um lado, pacientes que sofrem de um único episódio depressivo — e nesse caso temos de cuidar da neurose subjacente que se descompensou; por outro lado, temos pacientes que sofrem de episódios depressivos recorrentes — e também aqui devemos cuidar da neurose subjacente que se descompensa a cada vez. Cabe acrescentar que outra figura da depressão crônica é ver nosso paciente alienado por um estado depressivo permanente.

Aproveito para fazer um esclarecimento terminológico a respeito das palavras *"deprimido"*, *"depressivo"* e *"abatido"*.

"Deprimido" se refere a um sujeito que apresenta os sintomas típicos de uma depressão, ao passo que "depressivo" designa um sujeito cuja vida é marcada pela melancolia. "Depressivo" também é um adjetivo que qualifica tudo que diz respeito a depressão; um estado depressivo, por exemplo. Quanto ao termo "abatido", designa simplesmente um momento passageiro de desânimo.

O que todo clínico precisa saber antes de atender um paciente deprimido

Em breve definirei a depressão do ponto de vista descritivo e exporei detalhadamente o episódio depressivo típico, mas antes gostaria de lembrar os antecedentes que todo clínico deve conhecer quando se vê diante de um paciente deprimido. Ilustrarei minhas observações com breves vinhetas clínicas.

• *O episódio depressivo pode ceder espontaneamente sem qualquer tratamento*

Cabe observar desde logo que o episódio depressivo dura em geral entre quatro e seis meses, mesmo que não seja tratado. Quero aqui frisar bem: o episódio depressivo cede espontaneamente sem qualquer tratamento após alguns meses. Essa resolução natural e espontânea com frequência é ignorada pelos pacientes, e até pelos profissionais. Naturalmente, a questão que logo se impõe é saber por que tratar a depressão se ela se resolve por si mesma. Por cinco razões evidentes: para evitar o sofrimento inútil do doente e de seus parentes; para evitar a recidiva — não esqueçamos que o episódio depressivo tem uma certa propensão mórbida a ressurgir e a se tornar crônico; para evitar o risco de suicídio; para evitar que a depressão se agrave; e, por fim, para que o tratamento analítico do episódio depressivo permita ao paciente se conscientizar de que sua depressão foi a falência de uma neurose, de uma neurose incapacitante que ele nunca teria analisado se não tivesse caído em depressão. É como se a depressão de hoje fosse uma oportunidade de aprender a se voltar positivamente para si mesmo, se conhecer, se aceitar e ajustar as ilusões infantis à realidade.

- *Alexandre ou Os benefícios da depressão*

> Superar uma depressão nos faz crescer porque aprendemos a moderar nossas ilusões infantis... sem jamais renunciar a elas.
>
> J.-D. N.

Antes de prosseguir, gostaria de me deter um momento para contar um caso que mostra que uma doença, por mais nociva que seja, ainda assim pode ajudar o paciente a amadurecer. Na segunda-feira passada, preparando esta lição, escrevi as frases sobre as virtudes da depressão que acabaram de ouvir. Nesse mesmo dia, recebo Alexandre, que me procurou três anos antes por causa de uma depressão e cujo tratamento está chegando ao fim. Enquanto ele falava, tive a ideia de ler para ele as linhas que havia escrito naquela manhã e pedir sua opinião: "Alexandre", digo então, "quero ler para você umas frases que escrevi há pouco sobre a depressão. Quero saber o que você acha". Surpreso e curioso, ele imediatamente concorda. Eu então me levanto da poltrona, pego minhas anotações e leio para ele o trecho em questão: "O tratamento psicanalítico é um ensejo para o paciente se conscientizar de que sua depressão foi a falência de uma neurose, de uma neurose incapacitante que ele nunca teria analisado se não tivesse caído em depressão". E completei: "É como se a depressão de hoje fosse uma oportunidade de aprender a se voltar positivamente para si mesmo, se conhecer, se aceitar". Pois bem, Alexandre, profundamente comovido com o que acabava de ouvir, imediatamente reagiu e me disse: "É verdade! Exatamente! Para mim, foi graças ao trabalho que fizemos juntos ao longo desses anos, quer dizer, graças à depressão que eu pude me reencontrar. Parece absurdo agradecer por uma doença, mas foi por ter ficado deprimido e por termos lutado contra a depressão que eu me tornei menos suscetível, mais adaptável e no fim das contas fiquei em paz comigo mesmo". E concluiu: "Sem essa crise tão sofrida que tanto me consumiu e sem a análise eu nunca teria coragem de aceitar hoje o cargo de assessoria que acabam de me oferecer". Confesso que, ouvindo Alexandre, eu é que fiquei emocionado. À parte o prazer de compartilhar com vocês essa troca, tão gratificante para o paciente e para mim, queria lhes mostrar o quanto uma depressão pode, apesar de tudo, se revelar benéfica, desde que seja tratada desconstruindo a neurose que a gerou.

• *Francisca ou O naufrágio na depressão crônica*

O deprimido se torna crônico de tanto amar sua desgraça.

J.-D. N.

Sempre na intenção de lhes lembrar o que um clínico deve saber antes de empreender o tratamento de um paciente deprimido, esclareço que na maioria dos casos o episódio depressivo só ocorre uma vez na vida. Em compensação, a depressão pode se tornar crônica e assumir, como acabo de dizer, a forma de uma série de episódios depressivos alternados com períodos de calmaria, ou a forma de um estado depressivo que se eterniza, como este de que vou falar agora.

Francisca é uma paciente de 74 anos acometida de uma depressão particularmente resistente, tanto aos efeitos das nossas sessões quanto aos antidepressivos que toma com regularidade. É professora de matemática aposentada, muito ansiosa, exageradamente rigorosa e sempre de mau humor. Há vários anos se queixa constantemente de perdas de memória, lombalgia, zumbidos insuportáveis e um cansaço incessante, embora durma muito. Quando ouço suas queixas, ela sempre me dá a impressão de uma mulher que exagera o próprio sofrimento, um sofrimento com o qual acabou se acostumando. Conversamos frente a frente, e confesso que temos dificuldade, tanto ela quanto eu, de superar sua resignação à infelicidade, de investigar as causas de seus problemas. Na verdade, ela não quer se curar, ou melhor, tem medo de se curar, medo de mudar, de deixar de ser o que é. "É melhor não mudar", disse-me, "do que encarar o desconhecido que é ficar bem. Não sei como é ficar bem e prefiro continuar como sou!" Em suma, o medo de se curar e a complacência com a doença é que tornam Francisca uma paciente constantemente queixosa e desanimada. E também um desalento para o terapeuta, como se ela quisesse saborear o prazer de me imobilizar e me obrigar a confessar minha impotência: "Francisca, não sei mais o que fazer para ajudá-la!". Se dou o exemplo de uma paciente que acabou interrompendo o tratamento, é para mostrar o quanto uma depressão crônica pode se transformar, com o tempo, numa forma amarga de viver.

Mais raramente, um estado depressivo crônico e resistente como o de Francisca pode se agravar e assumir a forma de uma psicose chamada doença bipolar — lembrem-se de Eva, minha paciente suíça de que falei no começo. Notem que a doença bipolar também pode se manifestar abertamente sem qualquer antecedente de depressão crônica.

Mas agora deixemos de lado a depressão crônica e passemos à melancolia, forma extrema da depressão, sobre a qual gostaria de dizer algumas palavras.

• *Michiko ou O horror da melancolia*

> A melancolia é horrível! Horrível! De uma brutalidade inaudita.
>
> J.-D. N.

Pode acontecer que os sintomas depressivos se intensifiquem e que o paciente seja acometido de ideias delirantes, tornando-se iminente o risco de suicídio. Estamos então diante de uma crise de melancolia, de melancolia delirante. Embora nem toda melancolia seja delirante, quero que vocês se acostumem à ideia de que a melancolia frequentemente é um delírio mortífero. Que delírio? Pode ser um delírio de culpa imperdoável, em que o doente se convence de ter cometido um pecado inexpiável; um delírio de impureza em que se mortifica por estar sujo ou, pior, por ter apodrecido por dentro; ou mesmo um delírio de ruína, em que o doente se convence equivocadamente de ter perdido a casa, a fortuna, os parentes e, em certos casos gravíssimos, de ter sido eviscerado.

Como veem, a melancolia, versão psicótica da depressão, é uma doença extremamente grave que, nos momentos de crise, quase sempre requer hospitalização de urgência para impedir que o indivíduo se mate. Com certeza estamos a mil léguas da bela melancolia tão cara ao romantismo do século XIX. Refiro-me, entre outros, a Lamartine ou Vigny, para quem a melancolia era o maravilhoso nome de uma musa poética. Mas não! Nós somos clínicos e sei que muitos de vocês estão habituados a encontrar pacientes difíceis. Quero que tenham uma visão clínica e não literária da melancolia. Gostaria de lhes transmitir toda a seriedade e todo o rigor com que eu próprio tento trabalhar. Não! A melancolia não é a voluptuosidade de ser triste tão cara a Baudelaire, nem a doce languidez que impregna o coração de Verlaine; a melancolia é um delírio violento que desumaniza o doente e o exclui do mundo dos vivos.

E, justamente, pude cuidar várias vezes de pacientes melancólicos. A melancolia é algo horrível! Horrível! De uma brutalidade inaudita. Quando um melancólico quer se matar, ele nunca falha. Enfia o cano do revólver na boca ou corta a carótida de um só golpe! Não é mais ele mesmo. Ele mata. Mata em si mesmo o ser indigno, indigno pelo erro, pela impureza ou pela ruína. Sim, a melancolia é um delírio de indignidade. O doente se sente de tal maneira ilegítimo, tão fora de contexto, que precisa imperativamente se aniquilar. Por isso o suicídio sempre é a solução radical do melancólico. O suicídio é obsessivo, desejado o tempo todo, imaginado o tempo todo, buscado o tempo todo. É vivido pelo delirante como um castigo inevitável, mas também como libertação.

A propósito do **suicídio**, sabemos que há variantes, e cada qual é a culminância trágica de uma doença singular. Um histérico não se mata da mesma maneira que um esquizofrênico, e um esquizofrênico não se mata da mesma maneira que um melancólico. No momento de se suicidar, o homem ou a mulher, qualquer que seja a patologia, é dominado por uma fantasia que o leva irresistivelmente a dar realidade ao ato que lhe será fatal. **Só existe suicídio gerado por uma fantasia.** A pessoa que se mata está sempre envolvida por um sonho. Por isso é que, quando estiverem diante de um paciente com ideias suicidas, vocês devem encontrar nele a fantasia capaz de provocar a passagem ao ato. Enquanto o histérico toma medicamentos não para morrer, mas para dormir eternamente, o esquizofrênico não se atira da janela para morrer, tampouco, mas para deixar o próprio corpo, para fazer com que as vozes que o torturam se calem para sempre. Não! Nem o histérico nem o esquizofrênico querem morrer: eles querem matar neles mesmos o mal que os impede de viver, e, ao matá-lo, se matam sem realmente desejá-lo. Deixar o mundo ou deixar o próprio corpo, são estas suas funestas fantasias. O melancólico, pelo contrário, quer morrer, faz questão de morrer, faz absoluta questão de se aniquilar para livrar a Terra de seu maldito ser. "Não presto para nada", pensa, "sou um verdadeiro lixo no universo da humanidade e preciso me aniquilar, desaparecer!" Incontestavelmente, o suicídio melancólico é o mais selvagem e cruel que eu conheço.

Ocorre-me agora o caso pavoroso da loucura de uma mãe. Essa história será para vocês mais que um exemplo de melancolia, será uma maneira de fazê-los sentir de que modo o sofrimento de um paciente vibra em mim, de fazê-los sentir a comoção que se apoderou de mim diante de um dos piores dramas humanos. Michiko é uma paciente que me procurou em Paris depois de longa hospitalização de três anos no Japão, seu país de origem. Agora que está melhor, ela quer entender o pesadelo que um dia destruiu sua vida. Quando pergunto o que a levou a me consultar, ela responde: "Tive uma melancolia e agora preciso entender o que me aconteceu". Espantado, eu questiono: "Por que fala de melancolia?" "Foi a doença diagnosticada pelos psiquiatras do hospital." "Explique melhor", eu peço. "Não sei. Meu irmão mais velho, que era um verdadeiro pai para mim, um deus, morreu num terrível acidente de avião. Quando recebi a notícia, eu enlouqueci! Fiquei arrasada. Passei dias e noites vagando pelas ruas de Tóquio, completamente transtornada. Aí é que comecei a ouvir vozes raivosas tirânicas me acusando de ser culpada de tudo e de não ter feito nada para salvar meu irmão, vozes que ordenavam que eu me destruísse: 'A culpa é sua! Se mate!', gritavam. E de fato, na véspera do acidente, eu tivera um mau pressentimento. Sabia que ele não devia tomar aquele avião e nada fiz para impedi-lo." Depois de um breve silêncio, ela prossegue: "Na época, eu já estava separada do meu marido e vivia sozinha com Tao, meu filhinho de três anos. Meu irmão e meu filho eram tudo para mim. Às vezes eu sentia que meu irmão era meu filhinho, e outras vezes que meu filhinho era meu irmão". "Mas por que você foi hospitalizada?", pergunto. "Foi uma manhã pavorosa! Tao e eu estávamos sozinhos no quarto. Eu acabava de acordar e de repente fui impelida a fazer afinal o que as vozes me ordenavam. Não aguentava mais a tortura de viver enquanto meu irmão estava morto. Ele morto, eu não podia viver. Nesse momento, entendi que não podia abandonar meu filho e deixá--lo sozinho, tinha de levá-lo comigo para nos reencontrarmos todos os três na morte, salvos pela morte."

Abalado com essas palavras terríveis, eu então lhe pergunto num fio de voz: "E o que foi que fez?". "Tao ainda estava dormindo..." Aqui ela se cala e, visivelmente perturbada, confessa: "Peguei um travesseiro, pressionei-o contra a cabeça do menino com toda a força que podia e o sufoquei. Quando vi que Tao não se mexia mais, peguei uma faca e cortei minha carótida. Minutos depois, quando a porteira subiu com a correspondência, encontrou a criança morta na cama e eu, deitada no chão, num banho de sangue, ainda respirando". "E depois?" "Depois fui levada para a emergência e, quando me recuperei, o tribunal me declarou irresponsável pelos meus atos, e eu fui internada num hospital psiquiátrico." "Quer dizer que não foi mandada para a prisão?" "Não, não fui presa, mas fiquei três anos no hospital psiquiátrico. Aos poucos, recuperei as forças e consegui trabalho na embaixada do Japão em Paris. Na verdade, procurei o senhor para entender o que me aconteceu. Não paro de pensar nisso. Queria encontrar uma explicação que me ajude a viver, apesar do horror da lembrança."

Eis a melancolia em toda a sua crueldade! Se há pouco afirmei que a depressão era o estado supremo da neurose, agora, com o caso de Michiko, espero ter demonstrado que a melancolia é o estado supremo da depressão.

Mas antes de retomar o fio da nossa conversa, uma última palavra sobre o destino da nossa paciente. Depois de dois anos de análise, ela voltou ao Japão, pacificada, com o sentimento de que o inferno daquela manhã fatídica fora consequência de uma loucura de amor fusional com o irmão mais velho. Inegavelmente, é sempre no passado que o sofrimento se prepara de uma forma invertida: excesso de amor divinizado ontem, excesso de dor melancólica hoje. Michiko certamente vai carregar o peso da culpa até o fim dos seus dias, mas no momento, graças à sua força vital, e tendo aprendido em nossas sessões a se voltar para si mesma, ela se abre para a esperança de uma nova vida.

*

Completando este levantamento de nossas recomendações para tratar a depressão, gostaria de lhes propor uma explicação sobre o altíssimo número de deprimidos em nossa sociedade e falar brevemente a respeito do uso maciço dos antidepressivos. Passarei em seguida à descrição de um episódio depressivo clássico.

• *Por que existem tantos deprimidos?*

Respondo a esta pergunta dizendo que o homem, por natureza um ser de ilusão e sonhos, não pode deixar de encontrar a desilusão em seu confronto com a dura realidade e de se deprimir facilmente. É no abuso do sonho, ou melhor, é no abuso do sonho de uma felicidade absoluta, ou seja, na embriaguez de correr atrás da ilusão infantil de se tornar um dia um ser perfeito cumulado de amor, é nessa embriaguez que está a raiz da depressão. **Ao querer demais o absoluto, encontramos sempre a dor da decepção.** Quando nossa existência é apenas sonho, todo despertar brutal é uma queda inevitável no desespero. Estou convencido de que o grande número de deprimidos em nossa época corresponde ao grande número de sonhadores que todos tendemos a ser.

Quanto aos antidepressivos, cabe observar que às vezes são receitados indevidamente. Esses estimulantes psíquicos certamente se tornaram muito eficazes para equilibrar o humor depressivo, desde que sejam bem administrados. Infelizmente, as prescrições nem sempre se justificam: muitas pessoas sofrendo de depressão não são tratadas, ao passo que outras tomam antidepressivos sem estar propriamente deprimidas. Algumas delas, profundamente angustiadas, tomam antidepressivos por vários anos não por terem depressão, mas por medo de deprimirem! Sofrem uma angústia hipocondríaca suscitada pelo temor da doença mental.

Quando, precisamente, podemos dizer que a pessoa está deprimida? Vocês não imaginam o número de pacientes que afirmam estar ou terem ficado deprimidos, usando equivocadamente a palavra "depressão" ou "burnout" para se referir a seu mal-estar. Embora seja importante para nós saber como nosso paciente designa seu sofrimento, é evidente que não levamos ao pé da letra o seu "diagnóstico" de depressão. Quando me acontece, por exemplo, como esta manhã, de perguntar ao paciente que vem me consultar pela primeira vez se já foi hospitalizado e ele me responde "Sim, tive uma depressão quando tinha dezoito anos e fiquei dois meses no hospital", eu já duvido que se tratasse de fato de depressão. Uma depressão aos dezoito anos com necessidade de hospitalização por várias semanas me faz pensar num episódio de psicose juvenil, e não de depressão! Essa hipótese rapidamente se confirma quando fico sabendo que os medicamentos prescritos na época pelo psiquiatra do hospital eram antipsicóticos destinados a tratar um provável surto delirante agudo.

Naturalmente, não é porque o paciente se declara deprimido que devemos considerá-lo deprimido! Mas então quando vamos saber se nosso paciente está ou não com depressão?

Primeira lição

Para responder, vou adotar agora o **ponto de vista descritivo** e traçar o retrato clínico do deprimido.

*

Retrato de uma pessoa deprimida: Tristeza, menosprezo por si mesma e apagamento emocional

Dizemos que uma pessoa está deprimida quando apresenta um conjunto de sinais clínicos que o psicanalista deve ser capaz de identificar, mesmo não sendo médico. Considero que o psicanalista é antes de tudo um clínico que precisa conhecer os diferentes sintomas e, quando seu analisando toma antidepressivos, conhecer suas indicações, além dos efeitos colaterais, lembrando-se de que medicação e psicanálise não são antinômicas, mas frequentemente complementares. Na verdade, os antidepressivos podem ser aliados valiosos, desde que fiquemos atentos à maneira como o paciente vivencia a medicação. Vocês sabem o quanto eu insisto nisso: o profissional que não é médico deve estar tão bem-informado quanto um médico e falar a mesma língua que ele. Devemos dialogar com o especialista de igual para igual, sobretudo quando se trata de um coterapeuta atendendo o mesmo paciente. Por isso peço que não deixem de se manter em dia com as diferentes estratégias antidepressivas e permaneçam abertos às pesquisas mais recentes sobre a depressão.

Acabo de mencionar o que um psicanalista deve conhecer, mas tenham em mente uma recomendação que para mim é essencial: nos momentos fortes da escuta do analisando deprimido, o psicanalista precisa **saber esquecer**, esquecer voluntariamente seus conhecimentos clínicos, se concentrar e ser capaz de reviver, uma a uma, graças ao seu *Inconsciente Instrumental*, as diferentes emoções, conscientes e inconscientes, vivas e adormecidas, que, desde o trauma, levaram o paciente a entrar em depressão.

Mas afinal quais são os **diferentes sintomas da síndrome depressiva**? Costuma-se mencionar nove. Cabe notar que nenhum desses sintomas basta por si só para concluir que estamos diante de depressão. Para falar de distúrbio depressivo, precisamos de pelo menos cinco sintomas flagrantes e simultâneos que persistam durante o período de aproximadamente duas semanas e assinalem uma mudança na vida do paciente.

Consideremos agora então os nove sinais característicos da depressão. Vou começar comentando os três mais importantes: a tristeza, o menosprezo obsessivo por si próprio e a insensibilidade afetiva; em seguida, vou me limitar a mencionar os outros seis que completam a síndrome depressiva. Mas antes devo prevenir que não vou descrever objetivamente cada sintoma. Por mais que adote o ponto de vista descritivo, não conseguirei dar conta do sintoma tal qual é. É mais forte que eu: não posso captar nada senão pela lente do teórico e do psicanalista que sou.

• 1. *A tristeza do deprimido.* Comecemos examinando o primeiro sintoma, a tristeza, sentimento dominante na vivência do paciente deprimido. Mas atenção! Falamos aqui de uma tristeza muito diferente da tristeza normal. Todos nós já sentimos a tristeza normal, mas nem todos experimentamos a tristeza depressiva. E não serei capaz de falar aqui da tristeza depressiva sem me questionar sobre o que é a tristeza em geral.

Primeira lição

O que é a tristeza normal?

Pergunta aparentemente simples, que me lembra a pergunta de Santo Agostinho quando tentava saber o que é o tempo: "Que é o tempo?", perguntava-se ele. "Se ninguém me perguntar, eu sei; mas se for preciso defini-lo, não sei mais." É a resposta de um grande filósofo nos ensinando que conhecemos intuitivamente as coisas essenciais, sem necessariamente saber explicá-las. Não posso, contudo, resistir ao desejo de explicar o que é um sentimento triste.

Que é então a tristeza? Sem dúvida trata-se de um sentimento. Mas o que é um sentimento? Chamamos de sentimento todo estado afetivo, agradável ou desagradável, organizado em torno de uma ideia que pode ser clara, confusa ou mesmo não consciente. Mas não devemos nos enganar. Não se trata de uma ideia refletida, mas de uma ideia sentida. Não é uma representação intelectual, mas uma ideia dramatizada, cênica, uma cena fugaz em que o sujeito é um dos atores. Qual é então a ideia cênica que provoca e alimenta o sentimento triste? Trabalho com a depressão já há muitos anos, mas só ontem, preparando esta lição, me dei conta de uma evidência: entre as ideias capazes de provocar a tristeza normal, uma, central, para a qual todas as demais ideias inevitavelmente convergem, é a ideia de perda, a indefinível sensação de ter perdido. Ter perdido o quê? O que eu amava, aquilo que era importante para mim. **Não há tristeza que não nasça de um amor perdido.** Assim, sentir-se triste, normalmente triste, é sentir que perdemos um ser, uma coisa ou um ideal que amávamos, que ainda amamos e que hoje nos falta. Como vocês veem, a ideia sentida e cênica que estrutura o sentimento de tristeza é uma cena em que estamos despossuídos daquilo que amamos.

A tristeza depressiva

> A alegria é nascer de si mesmo, a tristeza do deprimido é morrer de si mesmo.
>
> J.-D. N.

Se pensarmos agora no deprimido, qual seria a ideia que causa sua tristeza doentia? É também a ideia de ter perdido um amor, mas um amor tóxico, um amor fusional. **Não há tristeza depressiva que não nasça da perda de um amor fusional.** Enquanto a pessoa que sente uma tristeza normal diz a si mesma: "Sinto-me triste porque perdi o que amava e que hoje me faz falta", a pessoa deprimida diria, "Estou triste, pior, sou pura tristeza. Sinto a tristeza até a medula e a sinto o tempo todo, mesmo quando durmo. Estou triste por ter perdido uma ilusão", lamenta-se, "a ilusão que me dava forças para ser eu mesmo. Que ilusão? A ilusão de ser amado com um amor fusional que me faz crer que estou absolutamente protegido, que sou absolutamente poderoso ou absolutamente desejável. Ao perder essa ilusão, perdi o essencial, o essencial daquilo que sou, e ao perder o essencial perdi a mim mesmo".

Como veem, a ideia de perda que gera a tristeza depressiva é mais radical que a ideia de perda que gera a tristeza normal. **Na tristeza normal, perdemos o que tínhamos: um objeto amado; na tristeza depressiva, perdemos o que éramos: um eu adorado que se acredita onipotente.**

Vamos resumir dizendo: *para que haja tristeza normal foi necessário amar e perder o amor; para que haja tristeza depressiva foi necessário amar fusionalmente e sentir que, ao perder o amor, perde-se a si mesmo.*

Primeira lição

Incontestavelmente, a tristeza depressiva é de uma qualidade muito diferente da tristeza normal. Daqui a pouco vou lhes apresentar um quadro comparativo entre esses dois tipos de tristeza, mas por enquanto cuidemos de identificar os traços particulares apenas da tristeza depressiva. Refiro-me aos seus *modos de aparição*, a como é *vivenciada*, aos seus diferentes *graus de intensidade* e, por fim, à sua possível *conversão em doenças somáticas, comportamentos adictos ou mesmo violentos*.

• *Os dois modos de aparição da tristeza depressiva.* A tristeza pode aparecer insidiosamente, como uma névoa sombria que escurece a alma, ou subitamente, como uma tempestade que explode num céu sereno. Adiante vou relatar os casos de Nicolas, paciente que afundou lentamente na depressão, e Glória, que, ao contrário, caiu de súbito na depressão.

> Quando estou triste me dissolvo; quando tenho raiva me consolido.
>
> J.-D. N.

• *Como é vivenciada a tristeza depressiva?* Quer se insinue lentamente ou surja de repente, a tristeza depressiva é sempre ansiosa e carregada de azedume; não é uma tristeza serena, mas torturada, amarga e cáustica. Sim, temos de aceitar a ideia de que o deprimido se queixa constantemente e se irrita com facilidade. Ele é suscetível, colérico e está sempre recriminando. Na verdade, por trás da tristeza se esconde o ódio, arde um surdo ressentimento contra o irmão mais velho abusivo, o cônjuge infiel, o amigo desleal, o sócio desonesto ou o chefe tirânico e manipulador, todos amados fusionalmente ontem e cruelmente decepcionantes hoje. Reafirmo então que, para tratar uma depressão, o analista precisa identificar no paciente esse ódio característico do ressentimento, experimentar em si mesmo — por empatia — o ódio que corrói o paciente internamente, e deve mostrar isso. Um ódio voltado contra o amado que o teria traído, é verdade, mas também contra ele próprio, por ter sido tão crédulo e se ter deixado iludir. O deprimido tem raiva do amado enganador e tem raiva de si mesmo.

Ora, esse ódio duplo que tantas vezes encontrei nos pacientes deprimidos me leva a completar minha primeira definição do estado depressivo. Disse no início que a depressão era a **tristeza anormal de uma desilusão** (anormal porque hipertrofiada). Acrescento agora que a depressão também é a **tristeza rancorosa de uma desilusão**. É como se o deprimido nos dissesse: "Depois que Paula me traiu, não sou mais ninguém, não sou nada! Não sou nada mas me resta a força de odiá-la. Eu a odeio por ter me enganado. Canalha!". A **tristeza** é o sentimento de uma **perda**, ao passo que o **ódio** é o sentimento de uma **traição**. Na tristeza eu me fecho em mim mesmo; no ódio saio de mim, louco de raiva, para atacar o outro e me consolido. Mas na vivência do deprimido a tristeza e o ódio se misturam num só sentimento: o **despeito**. O que é o despeito? O despeito é uma mágoa misturada com raiva provocada pelo sentimento de ter sido vítima de uma injustiça, de ter sido ferido no amor-próprio ou ainda de ter sido profundamente decepcionado. No despeito, o ódio se transforma em tristeza e a tristeza é carregada de ódio. Podem entender, então, por que devemos qualificar a tristeza depressiva não apenas como ansiosa e atormentada, mas também como despeitada e carregada de ódio.

- *Os três graus de intensidade da tristeza depressiva.* O trabalho com os pacientes me ensinou que um deprimido pode experimentar diferentes graus de tristeza, indo da desesperança ao abatimento e do abatimento ao menosprezo por si mesmo, e por vezes a recusa a viver.

Quando a tristeza depressiva assume a forma da **desesperança**, ela se traduz em tédio, uma impressão de vazio em que tudo perde a graça e tudo parece igual. O deprimido não espera nada de ninguém e acredita que ninguém espera nada dele. Aqui estamos no exato oposto da sensação experimentada pela pessoa sã que, ao contrário do deprimido, se sente chamada, puxada para a frente, certa de que é esperada, de que é importante para alguém e de que uma tarefa a aguarda. É precisamente essa solicitação vital dos outros e do mundo que o deprimido não sente mais.

Quando a tristeza chega no nível do **abatimento**, o deprimido com frequência chora sem motivo. Privado de energia, sente-se descontente consigo mesmo, cansado dos outros e aborrecido com a vida. **Diferentemente da tristeza comum, que reduz a ação, a tristeza depressiva é** *um torpor* **que aniquila a ação.**

E por fim, no terceiro grau da tristeza, acontece momentaneamente de o deprimido não se suportar mais e se depreciar cruelmente. Sua tristeza torna-se humilhante e se desloca agora do "Não sinto mais prazer em nada" para o "Não presto para nada. Sinto pena de mim mesmo". No pior dos casos o **menosprezo por si mesmo** se agrava e se transforma numa **necessidade de morrer** e de acabar com a dor intolerável que é viver. Se estão lembrados do que eu disse sobre a melancolia, terão associado esse grau extremo da tristeza à cruel rejeição de si mesmo característica do melancólico.

*Uma depressão sem tristeza! Depressão oculta
e depressão hostil*

> O alcoolismo é uma depressão oculta. Quase sempre, a mulher alcoólica bebe para afogar a tristeza; o homem alcoólico bebe para afogar a angústia.
>
> J.-D. N.

• *Conversão da tristeza depressiva em doenças somáticas, comportamentos adictos (**depressão oculta**) ou comportamentos violentos (**depressão hostil**)*. Pode ocorrer que a pessoa esteja triste mas não sinta tristeza: não chora, não se queixa de perda e, no entanto, está muito cansada, irascível e sobretudo sofre de persistentes dores de cabeça ou nas costas. Ela está deprimida, é verdade, mas, curiosamente, não se sente triste. Essa depressão atípica, sem tristeza, chama-se **depressão oculta**. Aqui, a tristeza depressiva, muda e insuspeitada assume a forma de um mal-estar somático, às vezes de uma adição ou de uma conduta violenta.

Aplicando o notável conceito psicanalítico de *conversão*, amiúde reservado à histeria, podemos imaginar o seguinte: um sujeito pré-depressivo acaba de sofrer uma perda amorosa, está transtornado (choque emocional), mas paradoxalmente não está triste. Não sente a tristeza que normalmente deveria sentir. A tristeza não sentida — eu poderia dizer "foracluída" — converteu-se numa dor física ou num comportamento adicto incontrolável. O que deduzir daí? Que, num choque emocional, o excesso de tensão psíquica se converte em dores físicas sem explicação ou na necessidade irresistível de ser compensado por uma droga. Desse modo, a tristeza se transforma em um corpo que sofre ou num corpo ávido de gozo. Quando sofre, o corpo é afetado por perturbações somáticas sem causa orgânica identificável. Entre elas, encontramos essencialmente dores de cabeça ou nas costas, dores vagas localizadas nos membros ou problemas digestivos. No outro caso, quando o corpo reclama a droga, a tristeza depressiva se converte em conduta adicta: alcoolismo, bulimia, anorexia, toxicomania e mesmo adições sem produtos, como os jogos de azar e as apostas, os jogos on-line e as trocas eróticas pela internet.

Existe ainda uma outra variante da depressão sem tristeza, chamada **depressão hostil**. Ela se declara com maior frequência nos adolescentes e se caracteriza por manifestações impulsivas, agressivas e mesmo violentas ou antissociais.

Vocês terão compreendido então que a pessoa que sofre de uma depressão oculta ou de uma depressão hostil não conhece a tristeza depressiva. Mas o que então nos autoriza a afirmar que essa pessoa está deprimida? Proponho três índices para detectar uma depressão por trás da máscara das manifestações somáticas, adictas ou agressivas. Primeiro, buscar no passado distante do paciente que nos consulta se ele foi vítima de um trauma infantil e se, mais recentemente, sofreu uma cruel decepção por parte de um ente querido. Em seguida, informar-se sobre a existência de antigos episódios depressivos em sua vida. Por fim, questionar se houve um corte nítido entre o estado anterior e o estado posterior à aparição das manifestações somáticas, adictas ou agressivas. Se esses três índices estiverem reunidos, pode-se considerar que estamos diante de uma pessoa deprimida sem tristeza evidente. Tomemos o caso de Sandra, paciente de cinquenta anos, engenheira, que perdeu a mãe ao nascer. O médico clínico a encaminhou para mim em virtude de insuportáveis dores nas costas sem causa orgânica que as explicasse. Sandra me diz que sua lombalgia incapacitante instalara-se pouco tempo depois de um sofrido rompimento conjugal ligado a um problema de infertilidade incurável. Embora ela não esteja particularmente triste, eu a ouço e a acompanho como sendo uma paciente deprimida. Direi mais adiante, na terceira lição, de que maneira procedo com um paciente deprimido.

• 2. *O menosprezo obsessivo por si mesmo.* Vejamos agora o segundo sintoma característico da depressão: o paciente deprimido não cessa de se menosprezar. É uma interminável e estéril ruminação da própria mediocridade, dos fracassos do passado e das dificuldades do presente. É assim que o depressivo procura se isolar, se comprazer na solidão e se desvalorizar. Quer ser deixado em paz para poder se fechar em si mesmo e se depreciar.

No caso de um **fóbico deprimido**, falando consigo mesmo, não para de remoer o ressentimento *por ter sido abandonado*: "Por que fico sempre sozinho? Parece até que nasci para ficar sozinho! Sei que preciso demais ter perto de mim aquele a quem amo, e no entanto também preciso demonstrar que ele não me é indispensável. Inevitavelmente, minhas contradições terminam por cansá-lo e fazê-lo ir embora". Já um **obsessivo deprimido** falando com seus botões não se cansa de remoer a própria *incompetência*: "Por que eu sempre estrago tudo? Sou um idiota. Não, não sou um idiota: sou um impostor porque levo todo o mundo a acreditar que sou capaz quando na realidade sou um inútil!". Por sua vez, um **histérico deprimido** falando sozinho não para de remoer seu **desamor**: "Nunca me senti verdadeiramente querido! Mas sei que é minha culpa! Eu atraio o outro, faço com que ele me procure, mas logo o frustro. E assim ele acaba indo embora e eu me sinto sobrando!".

Estão vendo a que ponto o deprimido, qualquer que seja a sua neurose, se enclausura em si mesmo, se critica e alimenta um cruel sentimento de culpa. Sem dúvida ele se deprecia e se sente culpado, mas curiosamente não consegue se impedir de saborear o gosto amargo da culpa. Sentir-se culpado por seus erros o faz sofrer mas também o tranquiliza e o consolida em seu ser. Esse prazer perverso de se deleitar na culpa é chamado por Freud de "**masoquismo moral**". É o incompreensível prazer de julgar-se culpado e ter o curioso alívio de se sentir abandonado, humilhado ou frustrado. Por que alívio? Porque o sujeito vive o abandono, a humilhação ou a frustração como uma desgraça que o define, como uma desgraça que é a **sua** desgraça, que se integra harmoniosamente em seu ser, o unifica e até lhe dá uma identidade: "Fui abandonado. Claro que sofro, mas eu sou, integralmente, minha condição de abandonado".

Isso é terrível para o clínico que somos, porque estamos diante de um paciente que não quer perder sua identidade de doente. Ele nos diz que quer mudar, mas no fundo tem medo de perder o sofrimento, porque se deixa de sofrer, deixa de ser. Estou convencido de que todos somos inconscientemente empurrados por uma pulsão que chamo **Pulsão de Unificação**, que insiste sempre, estejamos doentes ou saudáveis. No caso do sofredor poderia resumir-se assim: "Sofro, mas o sofrimento me unifica, e unificado sou eu mesmo".

• 3. *A insensibilidade afetiva do deprimido*. Depois da tristeza anormal e do menosprezo obsessivo por si mesmo, o terceiro sintoma importante no quadro clínico do deprimido é a perda de interesse por tudo que lhe diga respeito e lhe possa ser agradável. Ele não se interessa por nada, descuida de si mesmo, abandona o parceiro, os filhos, os amigos e até o trabalho. É o momento em que declara que não tem mais vontade de ver ninguém, nem de amor ou de sexo. Indiferente, se entedia porque nada o surpreende ou comove. É tudo igual, nada vale a pena. A existência parece-lhe insípida. Ele não tem vontade de fazer nada, nem prazer de fazer, e ignora o prazer de ter feito. Resumindo, perdeu a capacidade de saborear a felicidade das coisas simples: comer, dormir, cuidar do corpo, trabalhar ou se distrair.

Uma observação importante: considero que a insensibilidade afetiva do deprimido se deve a um enfraquecimento do desejo de viver, do querer viver. Insisto. Não estou dizendo que o desejo desapareceu no deprimido, mas que foi enfraquecido. Enquanto o corpo viver, o desejo não desaparece. Enquanto o corpo estiver vivo, o desejo não desaparece. **O problema não é a falta de desejo de viver, mas a incapacidade de percebê-lo dentro de si.** É como se o deprimido não chegasse a sentir as sensações internas que são a raiz de qualquer desejo. Não se esqueçam de que o desejo é um impulso que nasce nas sensações, sobe à mente e se torna fantasia, e a fantasia se exterioriza em ação. O desejo, portanto, é um trajeto: sensações — fantasia — ação. O deprimido, anestesiado pela tristeza, não sente seu corpo, menos ainda seu desejo.

*

São estes portanto os três sintomas dominantes da depressão: a tristeza atormentada e carregada de ódio, o pensamento obsessivo e autodepreciativo e a afetividade sufocada. Juntos, esses sinais clínicos já esboçam o retrato do deprimido: *triste, autodepreciado* e *emocionalmente apagado*.

Além disso, esses três sintomas principais acarretam, no paciente deprimido, outros seis distúrbios que vou mencionar aqui rapidamente. Em primeiro lugar, a sensação de uma enorme fadiga: o deprimido pode dormir muito e apesar disso acordar cansado. Outro sintoma é a desaceleração das atividades cotidianas. Tudo é lento e penoso: lentidão da marcha, lentidão do pensamento, lentidão da fala, voz monocórdia. Um outro sinal diz respeito aos distúrbios cognitivos que se traduzem na dificuldade de se concentrar, de prever uma situação, de tomar uma decisão e até de permanecer atento ao que está sendo dito numa conversa banal. Quanto às disfunções da memória, o deprimido sofre ao mesmo tempo de uma memória obsessiva dos fracassos passados e de uma memória deficiente dos acontecimentos recentes. Diremos então que ele sofre por se ver assediado pelas lembranças dolorosas e perturbado por frequentes falhas de memória.

Entre os sintomas graves que podem fazer parte da síndrome depressiva temos a manifestação de ideias suicidas, às vezes fugazes ou, ao contrário, muito elaboradas, como ocorre no deprimido decidido a passar ao ato, convencido de que sua família ficará aliviada se ele desaparecer.

Uma palavra sobre as **ideias suicidas**. Gostaria de me dirigir sobretudo aos jovens profissionais que me leem e lhes fazer uma recomendação técnica. Ao receber um paciente, qualquer que seja o motivo da consulta, é necessário sempre perguntar, em algum momento das primeiras entrevistas e com muito tato, se ele já teve ideias sombrias. Vocês devem empregar expressões como "ideias negativas" ou "ideias sombrias", e não "suicídio" ou "ideias suicidas". Se o paciente responder que de fato teve ideias sombrias ou, pior, que tentou se matar, é evidente que vocês não poderão acompanhá-lo sozinhos e terão de trabalhar em cooperação com um colega psiquiatra para prevenir uma eventual crise suicida.

Dito isso, devo nuançar minha recomendação. Estou pensando nos pacientes neuróticos obsessivos que, esperando o metrô na estação, por exemplo, não conseguem se impedir de imaginar que se atiram nos trilhos no momento em que a composição chega. Pois bem, nesse caso não se trata propriamente de uma ideia suicida, mas de um pensamento angustiado destinado a afastar o perigo de um verdadeiro suicídio. Eles imaginam o suicídio para não se suicidar. Como haverão de entender, esses pacientes podem nos dizer que têm ideias sombrias que não devemos tomar ao pé da letra, pois raramente as concretizam. Em suma, devemos distinguir as ideias suicidas potencialmente perigosas das falsas ideias suicidas que representam antídotos mágicos contra a morte.

Para completar nossa enumeração dos sinais clínicos, temos dois outros distúrbios de natureza somática. Refiro-me aos distúrbios do apetite — inapetência, mas também bulimia — e aos distúrbios do sono, como dificuldade de adormecer, despertar noturno ou despertar matinal precoce, todos eles casos de insônia assombrada por pensamentos torturantes.

São essas portanto as diferentes manifestações tipicamente depressivas que todos podem observar, seja o próprio paciente, uma pessoa próxima ou o profissional que o acompanha. Se fosse o caso de fazer um inventário, eu diria o seguinte: quando a tristeza ansiosa e carregada de ódio domina, quando a ruminação autodepreciativa coloniza a mente, quando não se tem mais vontade de nada, quando a pessoa se sente esgotada e lenta, com o sentimento de ter fracassado na vida, sentindo-se inútil e culpada de tudo, quando ideias suicidas lhe atravessam a mente, quando perde o apetite e o sono, e sobretudo quando esse estado sofrido dura várias semanas e paradoxalmente a pessoa se compraz nele, podemos concluir que se trata de uma depressão.

Com esse retrato clínico do deprimido que acabo de traçar, vocês podem ter ficado com a impressão de estar diante de uma patologia pesada, próxima da melancolia. Carreguei deliberadamente nas tintas, para tornar cada sintoma mais eloquente, contudo nas nossas consultas a síndrome depressiva em geral assume formas mais atenuadas, sobretudo quando os pacientes que nos consultam pela primeira vez já estão tomando antidepressivos prescritos pelo clínico geral.

Mas, antes de aprofundar o ponto de vista psicanalítico centrado nas causas inconscientes da depressão — aprofundamento que faremos juntos na nossa próxima lição —, gostaria de condensar os diferentes sintomas que acabamos de examinar numa única tendência dominante na vida do deprimido, a saber, a tendência a **se manter fechado em si mesmo e se depreciar permanentemente**. Todos os sintomas depressivos que estudamos podem convergir num movimento de reclusão narcísica. O deprimido é essencialmente um ser altamente narcísico, não porque se ame, mas por estar constantemente ocupado consigo mesmo, voltado sobre si mesmo, para se mortificar e chorar as ilusões perdidas. Eu qualificaria o narcisismo do deprimido, portanto, como **narcisismo negativo.**

Mas atenção! A questão do narcisismo é complicada, porque na realidade existem dois tipos de narcisismo patológico: o narcisismo negativo do *deprimido*, do qual estamos falando, e o **narcisismo exacerbado** do *neurótico pré-deprimido*, do qual vamos falar na segunda lição.

A respeito do narcisismo **negativo** que leva o deprimido a ruminar seus fracassos e a se odiar, devo esclarecer que é também um narcisismo **defensivo e protetor**. Por que protetor? Porque o ódio de si mesmo que tanto mortifica o deprimido não deixa de ter um efeito positivo: ele reforça e unifica o seu eu. Sim, o narcisismo negativo preserva a unidade do eu e evita que o deprimido caia num delírio melancólico. O que é fundamental. O eu do deprimido certamente é um eu triste e atormentado, mas apesar disso continua inteiro, unificado, jamais cindido, jamais dissociado como o do melancólico. O eu do deprimido é como o junco: sofre, se torce e verga, mas não quebra. Sejamos claros, a **depressão não é uma psicose**, e eu diria mesmo que **a depressão é uma defesa contra a psicose**. O que estou querendo dizer? Que o eu do deprimido não se desagrega, não se psicotiza porque os pensamentos negativos o reforçam e lhe dão coesão: "Eu, deprimido, me cubro de pensamentos negativos a meu respeito, sofro com isto, mas escapo da loucura!".

Mas pode acontecer que essa tentativa do deprimido de reforçar seu eu fracasse e a sua depressão se abra para uma psicose melancólica. Vou explicar como entendo essa eventual passagem da depressão à **melancolia**: uma parte do eu do deprimido é expulsa e retorna ao sujeito como um bumerangue, sob a forma de uma voz alucinada que o exorta a se matar. É como se o sujeito alucinado dissesse a si mesmo: "Ouço dentro de mim uma voz que me insulta e me ordena agir, mas não é a minha própria voz, é a voz de um outro que me fala lá dentro como se me falasse de fora".

Lembrem-se da história de Michiko. Ao ser informada da morte do irmão, ela se sente culpada e se recrimina por não ter feito nada para impedi-lo de pegar o avião. Durante alguns dias Michiko fica deprimida, sentindo-se arrasada. Mas de repente a crise de melancolia irrompe, no momento em que as autorrecriminações não partem mais da voz da consciência culpada e sim de uma voz alucinada que lhe ordena que se mate. Aqui, a depressão, que durou apenas uma semana, foi a antecâmara da melancolia. Na depressão não há alucinação, na melancolia há alucinação.

*

Para concluir, gostaria de propor um quadro comparativo entre a **tristeza normal** e a **tristeza depressiva**.

Quadro comparativo entre a
TRISTEZA NORMAL
e a
TRISTEZA DEPRESSIVA

TRISTEZA NORMAL

Tristeza

A **tristeza normal**, explicada por um acontecimento infeliz, pode ser dura, mas suportável e passageira.

Origem da tristeza normal

A pessoa triste sabe por que está triste. Se a causa foi, por exemplo, a morte do amado, ela sofre não apenas por ter perdido um ser insubstituível, mas por descobrir o quanto ele lhe era vital e o quanto ela própria fora vital para ele ou ela.

TRISTEZA DEPRESSIVA

Tristeza

A **tristeza depressiva**, muitas vezes inexplicável para o deprimido, é sempre ansiosa, insuportável, azeda, duradoura, incapacitante e dificilmente diminui sem tratamento.

Origem da tristeza depressiva

A pessoa deprimida não sabe por que está deprimida. Se foi vítima de uma traição amorosa, por exemplo, acredita que sua tristeza se deve à perda do ser amado. O que em parte é verdade, mas ela ignora o essencial: está triste porque perdeu a ilusão de um amor absoluto com que o amado lhe havia acenado. Não duvidando desse amor, ela alimentava a ilusão de ser perfeita: "Me sinto tão loucamente amada, entregue a ele de corpo e alma, que me sinto maravilhosa!". Por isso essa pessoa caiu em depressão; não por ter sido traída, mas porque, sendo traída, sentiu-se desapossada das duas ilusões infantis constitutivas do seu ser: a do amor absoluto e a de um ideal narcísico de perfeição.

TRISTEZA NORMAL

Luto normal

No luto normal, a pessoa enlutada se acostuma aos poucos a **viver com a ausência** do ente querido que morreu, sem deixar de amá-lo por não estar mais presente. Podemos acrescentar que a capacidade de amar do enlutado permanece intacta: ele pode amar um novo parceiro sem ter o sentimento de estar substituindo o falecido. *O luto normal não é uma depressão*, e, apesar da dor, a ajuda de um profissional não é necessária.

Sentir a vida dentro de si

Apesar da infelicidade que se abateu sobre ela, a pessoa que sofre uma tristeza normal mantém intacta a faculdade de sentir em si mesma a vibração do desejo de viver.

Relação com os outros

A pessoa não se isola nem se afasta dos outros. As trocas com o mundo externo se mantêm ativas e abertas. Ela sabe pedir e receber ajuda. O parente ou amigo representa sempre um apoio que lhe permite suportar melhor a dor.

TRISTEZA DEPRESSIVA

Luto patológico

No caso de uma depressão posterior à morte de um ente querido, por exemplo, o deprimido não é capaz de admitir que a pessoa amada tenha morrido. Vivencia essa morte como uma injustiça insuportável. Inconsolável, não consegue se abrir para um novo amor. Sua capacidade de amar foi abolida. *O luto patológico é uma forma grave de depressão*, sendo necessária a ajuda de um profissional. Cabe observar que esse luto pode durar muito tempo, como se a vida do deprimido tivesse parado no momento exato da perda.

Sentir a vida dentro de si

O deprimido não sente mais desejo de viver.

Relação com os outros

A pessoa deprimida se isola e se afasta do parceiro, da família e dos amigos. As trocas com o mundo externo são passivas e lentas. O deprimido pode mostrar-se mau e até sádico com a pessoa que vive com ele, e recusa qualquer ajuda quando lhe é proposta. Evidentemente, não é fácil conviver com um deprimido.

TRISTEZA NORMAL

Narcisismo

Ao enfrentar uma infelicidade, a pessoa que vivencia uma tristeza normal se volta sobre si mesma para suportar melhor a dor. O narcisismo, vale dizer, o amor de si mesmo, é aqui um *narcisismo consolador e reconfortante*.

Autoestima

Na pessoa passando por uma tristeza normal a autoestima permanece intacta. Eis aqui um critério muito prático para saber se há ou não depressão: se a autoestima permanecer intacta, não há depressão; se a autoestima se transformar em ódio de si mesmo, há depressão.

TRISTEZA DEPRESSIVA

Narcisismo

A pessoa deprimida se isola e volta-se sobre si mesma não apenas para suportar a dor mas também para se depreciar e, curiosamente, se comprazer na autocrítica. Com isso, no entanto, ela consolida seu eu e se preserva de uma eventual fratura psicótica. O narcisismo do deprimido é um *narcisismo negativo*, apesar de *preventivo* contra a psicose. Não esqueçamos que o *narcisismo negativo* do **deprimido** que se deprecia é o oposto do *narcisismo exacerbado* do **pré-deprimido** que se idealiza excessivamente.

Autoestima

A hiperautoestima do pré-deprimido (*narcisismo exacerbado*) transformou-se em ódio de si mesmo no deprimido (*narcisismo negativo*).

TRISTEZA NORMAL

> Relação com o tempo

Na pessoa sadia, o momento presente é ao mesmo tempo o passado que se atualiza e o futuro que se anuncia. Na verdade, o presente em si não existe, pois no momento de concretizar meu ato eu já estou no futuro, e ao tê-lo concretizado já estou no passado. O que é o presente? É apenas o passado que continua a agir e o futuro que desponta no horizonte.

TRISTEZA DEPRESSIVA

Relação com o tempo

A pessoa **sadia** recria o passado agindo no presente, ao passo que a pessoa **deprimida** rumina o passado e se trava no presente.

Uma mãe inconsolável e um deprimido

Se tivesse de resumir com um exemplo a diferença entre uma pessoa que sofre uma **tristeza normal** e uma pessoa **deprimida**, eu pensaria nas circunstâncias trágicas vividas por uma mãe arrasada após a morte acidental da filha de oito anos. Claro que essa mãe se entrega a uma imensa dor, mas, ao contrário do deprimido, **ela não está doente de depressão**. O que então distingue uma mãe destruída pela dor de um deprimido? A mãe sabe por que está triste, ao passo que o deprimido não sabe; a mãe se sente culpada por não ter feito o necessário para evitar o acidente, enquanto o deprimido se sente culpado de ser quem é; por fim, a mãe se critica sem perder a autoestima, enquanto o deprimido se critica a ponto de perdê-la.

*

Ante esse exemplo e lendo estas páginas comparativas, vocês certamente tiveram a impressão de uma grande distância entre a pessoa com uma tristeza normal e a pessoa deprimida. Mas na prática a diferença entre as duas nunca é tão absoluta. Se separei claramente a tristeza normal da tristeza depressiva foi com a intenção de lhes apresentar um quadro comparativo que servisse como ferramenta de trabalho.

Devemos agora nos despedir. Voltarei a encontrá-los dentro de um mês para aprofundarmos juntos o **ponto de vista psicanalítico** que define a depressão em função das causas inconscientes que a provocam.

SEGUNDA LIÇÃO

Qualquer um pode ficar deprimido?

> Uma depressão nunca se forma de repente! Toda depressão se faz por uma lenta penetração do passado no presente.
>
> J.-D. N.

NA PRIMEIRA LIÇÃO, apresentei a depressão do **ponto de vista descritivo**, mas, como puderam perceber, não me limitei à descrição dos sintomas depressivos. Como psicanalista, não pude me impedir de ir mais longe e sensibilizá-los a respeito da origem da depressão, a origem inconsciente da depressão. Foi quando expus minha hipótese principal sobre as causas da depressão. Minha ideia, como devem se lembrar, é de que o estado depressivo se instala após um **choque emocional**, mais exatamente após uma desilusão cruel provocada pela perda de um objeto de amor divinizado (pessoa, coisa ou valor), acarretando a perda da ilusão suscitada por esse objeto. Esclareci também que a pessoa afetada por essa dupla perda — objeto e ilusão — entrara em depressão porque sofria de uma neurose grave decorrente de um trauma psíquico infantil, a qual prefiro chamar agora de **neurose pré-depressiva**. Esse encadeamento que vai de uma criança traumatizada a um adulto deprimido poderá ser percebido num piscar de olhos no esquema da página 65.

Eu havia anunciado que nesta segunda lição nos colocaríamos do **ponto de vista psicanalítico,** que define a depressão com base nas causas que a provocam. Pois bem, se retomarem a hipótese que acabo de enunciar, já poderão distinguir as duas causas da depressão: o **choque doloroso de uma desilusão** (causa desencadeadora); e a **neurose pré-depressiva,** fermento da depressão (causa latente).

Esquema da *depressiogênese*: A depressão em quatro tempos

Vou me deter sobre a natureza dessas duas causas, a desencadeadora e a latente, mas antes gostaria de lhes apresentar um esquema que anuncia, à maneira de um programa, o que vou expor nesta lição. Eu o chamo de **esquema da** *depressiogênese* — neologismo que estou propondo —, e ele marca o ritmo da gênese da depressão, em quatro tempos.

Esquema da *depressiogênese*: A depressão em quatro tempos

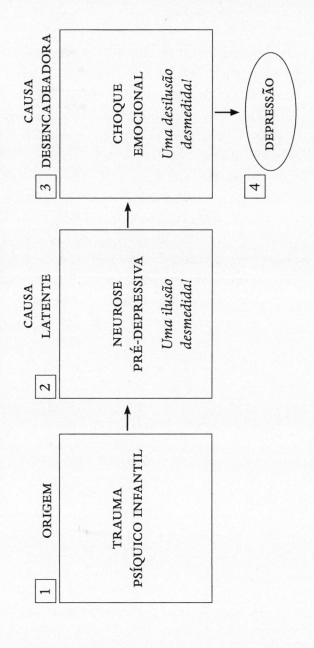

O ritmo da depressão

Se observarem o esquema da *depressiogênese*, verão que situei no tempo ① a ORIGEM da depressão, ou seja, o *trauma psíquico infantil* que causa uma neurose que fragiliza o sujeito e o torna tão vulnerável à depressão que a qualifico de *neurose pré-depressiva*. Considero que essa neurose é a CAUSA LATENTE da depressão: tempo ②. Temos então o tempo ③, o da CAUSA DESENCADEADORA (choque emocional), momento em que o sujeito perde a sua ilusão, ou melhor, sua dupla ilusão, a de ser adorado e a de se julgar adorável. O tempo ④ é o da DEPRESSÃO.

Disse-lhes há pouco que esse esquema em quatro tempos *marca o ritmo* da gênese da depressão. Acrescento agora que marca o ritmo também do pensamento com que vocês leem este livro, assim como o ritmo da vida atormentada do paciente deprimido que vier a consultá-los. O que me importa é sensibilizá-los para o *tempo* da depressão: ① trauma na infância ⟶ ② neurose pré-depressiva na idade adulta ⟶ ③ choque emocional ⟶ ④ queda em depressão.

Agora que já têm no ouvido esse compasso em quatro tempos — *Eu fui traumatizado* ⟶ *Eu me torno vulnerável à depressão* ⟶ *Eu sofro o choque de uma desilusão* ⟶ *Eu mergulho na depressão* —, posso me permitir abordar cada um desses marcos invertendo a ordem cronológica. Assim, pensando no clínico que cada um de vocês é, decidi começar por estudar o tempo ③, o tempo do choque emocional, porque é o momento em que o sujeito, atingido pela desilusão, decide nos consultar. Em seguida, voltando ao tempo ②, o da neurose pré-depressiva, vou traçar o retrato de um neurótico vulnerável à depressão. Mas por enquanto gostaria de abrir parênteses para dizer algumas palavras sobre a causa genética da depressão.

A causa genética da depressão

Se me perguntarem de onde vem a depressão, responderei que, a exemplo do que acontece na maior parte das doenças psicopatológicas, as causas da depressão são múltiplas: genéticas, neurobiológicas, psíquicas e psicossociais. Mais recentemente, lançou-se inclusive a hipótese de uma causa ligada à imunidade, segundo a qual o deprimido sofreria de uma inflamação no cérebro originária de uma deficiência imunológica localizada sobretudo no intestino. Mas é sobre a causa genética da depressão que gostaria agora de fazer uma observação.

Com frequência me perguntam se a predisposição para a depressão não seria uma **predisposição genética**. E, de fato, quando emprego a expressão "origem da depressão", meu interlocutor automaticamente faz a associação com "origem genética". Como se a causa desconhecida de uma patologia só pudesse ser genética. Os fatores genéticos sem dúvida desempenham um papel na etiologia dos distúrbios depressivos, mas até hoje nenhum estudo evidenciou de maneira clara e definitiva a ação dos genes na formação de uma personalidade pré-depressiva, muito menos no desencadeamento de uma depressão. É bem verdade que se identificou o gene que codifica a serotonina e seus receptores 5-HT1A e 5-HT1B, e o gene que codifica o fator neurotrófico BDNF, que contribui para a sobrevivência dos neurônios, mas nossos colegas geneticistas ainda têm um longo caminho a percorrer até decodificar o genoma da depressão. Não nego que a depressão seja em parte hereditária, mas, trabalhando na clínica, constato que a maior parte dos nossos pacientes pré-depressivos e deprimidos sofreu um trauma na infância. E, teórico que sou, tento identificar os elos da cadeia que liga o trauma de ontem à depressão de hoje. Em outras palavras, **tento entender não como alguém nasce vulnerável à depressão, mas como se torna deprimido** (*predisposição adquirida*).

Terei de abrir novos parênteses antes de abordar o choque emocional, causa desencadeadora da depressão (tempo ⟦3⟧). Gostaria de definir claramente o **conceito de ilusão**, que me é essencial para lhes mostrar que a depressão é a perda de uma ilusão desmesurada e tóxica que qualifiquei de narcísica.

O QUE É UMA ILUSÃO?

• A ilusão é uma imagem idealizada carregada de sentimentos, criada pelo desejo e suscitando o desejo. É um maravilhoso **excitante imaginário** que desperta o desejo e nos impele a realizá-lo. A ilusão é vital para nós: para que exista vida, é necessário o amor, e para que haja amor, é necessária a ilusão. Por mais imaterial que seja, a ilusão tem a força de nos atrair para o amado, estreitá-lo nos braços, entregar-se e gerar vida. Uma imagem é capaz de fazer nascer uma criança. O imaginário cria o real!

E se pensarmos na felicidade, acaso poderemos dizer que ela é a realização das nossas ilusões? Não, o que conta não é realizar nossas ilusões, mas procurar realizá-las, ir em sua direção. O importante é caminhar sem olhar para o céu das ilusões, mas com o olhar para a terra e ocupados em fazer o que devemos fazer hoje, e não no sonho quimérico de amanhã. Caminhando, avanço tranquilo, feliz de ser quem sou, de fazer o que faço, de ter o que tenho e até feliz de estar em busca do que não tenho. Numa palavra, o maior segredo da felicidade é caminhar tendo em mente não as ilusões que nos encantam, mas sim os atos que devemos cumprir.

• A **ilusão narcísica** é uma imagem idealizada de nós mesmos. Essa ilusão é **sadia** quando o eu com que sonhamos é um *eu ideal* que nos equilibra; e ela é **patológica** quando o eu com que sonhamos é um *eu superideal* que nos obceca.

• A **ilusão narcísica sadia** é portanto a ilusão de um *eu ideal*: "Eu gostaria de ser médico", por exemplo. Aproveito para lembrar a distinção entre o *eu ideal* e o *ideal do eu*. O ideal do eu diz respeito às influências parentais e sociais, em geral inconscientes, que animam o meu desejo de me tornar um dia aquele que sonho ser: "Eu gostaria de me tornar o médico que meu avô queria que meu pai fosse mas que nunca pôde ser". O *ideal do eu*, assim, são os valores que, sem que eu mesmo me desse conta, moldaram o meu *eu ideal*.

• A **ilusão narcísica sadia** é uma aspiração a ser melhor. Uma ilusão que nos é necessária, que se adapta à realidade e se renova. Havendo um fracasso, perdemos nossa ilusão, sofremos, com certeza, mas saberemos substituí-la por outra.

• A **ilusão narcísica patogênica** — voltaremos a encontrá-la mais adiante — é a fabulação imaginada por uma criança traumatizada. Essa fabulação, destinada a afastar o perigo de um novo trauma, é a representação de um eu grandioso, **superideal**. A **ilusão narcísica patogênica** nasce no momento do trauma e aos poucos modela a personalidade do adulto neurótico em que a criança traumatizada se transformou. Poderíamos nos valer da seguinte formulação: a ilusão narcísica de onipotência, consequência do trauma, é o vírus de toda neurose.

• Como se vê, a **ilusão narcísica patogênica**, que alimenta a depressão e mais além da depressão, não nasce do desejo de ser melhor, mas do **medo** de reviver o trauma. A ilusão narcísica de onipotência é uma defesa desproporcional contra o trauma. "Sou o mais forte, nada pode me acontecer!" Essa ilusão defensiva é rígida e não se dobra à realidade. A pessoa vulnerável à depressão depende da ilusão de um eu grandioso, **superideal**, como um adicto depende de sua droga. Se perder sua ilusão, fica deprimida.

A causa desencadeadora da depressão é o choque emocional de uma desilusão
(tempo ⟦3⟧)

> A desilusão transforma um pré-deprimido em deprimido.
>
> J.-D. N.

Quero lembrar antes de mais nada que a causa *desencadeadora* da depressão — tempo ⟦3⟧ do nosso esquema — é um acontecimento: um choque emocional provocado pela **perda de um objeto de amor divinizado** (*uma pessoa, um trabalho e até uma casa e muitos outros objetos amados apaixonadamente*) e, paralelamente, a perda da ilusão narcísica de um eu grandioso. Acrescento que, se a causa desencadeadora é um acontecimento, a causa *latente* — tempo ⟦2⟧ — é um estado: o estado de fragilidade do neurótico que pode ser tanto sonhador quanto desconfiado, tanto onipotente quanto hipersensível.

Devo frisar que essas duas causas são indissociáveis, já que, **para que uma depressão se manifeste, é necessário que a perda de um objeto e de uma ilusão** (causa desencadeadora) **atinja uma pessoa incapaz de amortecer o golpe** (causa latente).

Gostaria agora de lhes apresentar a lista dos objetos amados apaixonadamente, fontes da ilusão narcísica de onipotência, e cuja perda é vivenciada pelo neurótico como uma dolorosa desilusão. Falarei mais adiante das três maneiras possíveis de viver uma desilusão: como a brutal **privação** de uma parte de si mesmo; como uma imperdoável **humilhação**; ou então como uma intolerável **frustração** — mas em qualquer dos casos como uma revoltante **injustiça**. Venha o sujeito a se sentir privado, humilhado ou frustrado, o fato é que se sente quase sempre odiosamente traído.

Voltarei ao tema, mas por enquanto vejamos detalhadamente quais são esses diferentes objetos de amor divinizados pelo neurótico pré-depressivo.

Os objetos de amor idolatrados cuja perda acarreta a depressão

> Nós nos deprimimos quando perdemos um objeto nem tanto querido, mas divinizado.
>
> J.-D. N.

São os seguintes os principais objetos de amor idolatrados e as falas de desespero que o pré-depressivo diria no momento de perdê-los (choque emocional):

• *Perder o ser querido e idolatrado*

"Meu amado (*meu companheiro de sempre, meu avô adorado ou meu velho amigo de infância...*) era tudo para mim e eu era tudo para ele! Ele acaba de desaparecer! Não é justo ser privado da única pessoa que me fazia sentir que eu era alguém, e alguém especial. Estou em estado de choque e tenho medo de cair em depressão."

"Brutalmente, a morte me rouba o ser que era toda a minha vida e para quem eu era indispensável. Como ele se foi, fiquei vazio. Ele não devia morrer nunca. Mas sinto raiva dele. Não se cuidou como eu disse várias vezes para fazer!"

Transcrevi aqui a reação de um enlutado altamente neurótico, sentindo-se perseguido pela desgraça. Um enlutado que não se cansará de remoer essas palavras ao longo de várias semanas, e que provavelmente vai entrar em depressão. E digo "provavelmente" porque nem todo luto, por mais doloroso que seja, leva necessariamente à depressão.

- *Perder a maravilhosa sensação de estar apaixonado*

"Eu amo o amor, amo amar e me sentir amada! O amor é tudo para mim, mais ainda que a pessoa amada! Hoje de manhã, fiquei sabendo que Júlio, que eu amava loucamente, me deixou! Não foi o homem que eu perdi, mas minha inocência, a inocência de ter acreditado no amor. Perdi a maravilhosa sensação de estar apaixonada. Sem amor eu não existo. Estou em estado de choque. Tenho medo de cair em depressão."

Temos aqui um outro objeto amado com uma paixão idólatra, que seria inconcebível perder. Dessa vez não se trata de uma pessoa, mas de um sentimento: o próprio **amor**, a embriaguez de amar. "Estou arrasada! Nosso amor era minha própria carne. Você era em mim o fogo e eu era em você o brilho. E agora descubro que você me traiu, me destruiu, tudo acabou!"

Essa é a transcrição da reação de uma mulher altamente neurótica, vítima de infidelidade. Esvaziada de amor, ela pode cair em depressão.

- *Perder o amor-próprio desmedido*

> A pessoa suscetível é um ser frágil que não tolera nada que aluda à sua própria fragilidade.
>
> J.-D. N.

"É verdade. Eu sou extremamente suscetível e incapaz de suportar a mais leve zombaria. Acontece que meu companheiro acaba de me ferir em meu amor-próprio. Sinto-me profundamente humilhado. Estou em estado de choque e tenho medo de cair em depressão."

De todos os objetos de amor, o mais sagrado, precioso e delicado é sem dúvida alguma o **amor-próprio**, o amor de si mesmo. Pode acontecer de o neurótico ostentar um amor-próprio desmedido para compensar a imagem pobre que tem de si mesmo. "Eu pareço orgulhoso, mas no fundo sou frágil, terrivelmente frágil. É verdade, sou frágil e não presto mesmo para nada, mas não suporto ouvir isto da boca de ninguém. Só eu posso dizer a mim mesmo que sou frágil e não presto para nada." Temos aí um neurótico doentiamente suscetível que não tolera nada que aluda à sua própria fragilidade. Por isso, quando estiverem diante de uma pessoa excessivamente orgulhosa e melindrosa, pensem que por trás de sua arrogância ela secretamente se despreza. Toda arrogância compensa uma imagem desvalorizada de si mesmo.

Vejamos o que o nosso pré-depressivo, excessivamente suscetível, diria a si mesmo quando estivesse a ponto de deprimir: "Há algum tempo Fábio não para de zombar de mim, de me ridicularizar na frente de todo mundo! Não suporto mais suas humilhações incessantes! Antes eu tinha a ilusão de que ele me botava num pedestal, agora estou por baixo. Acabou. Não quero mais vê-lo!".

Transcrevi aí o sentimento de humilhação vivenciado por um paciente homossexual altamente neurótico, extremamente suscetível, que rumina suas queixas durante várias semanas e acaba entrando em depressão.

- *Perder minha sagrada saúde*

"Minha saúde é sagrada! À menor dúvida, corro para o melhor especialista. E estou em estado de choque! Acabo de descobrir uma pequena mancha escura no braço. Só pode ser o início de um melanoma canceroso! Temo cair em depressão."

Um quarto objeto, igualmente amado com paixão idólatra, é a **saúde**, uma saúde inalterável. Estou pensando no neurótico hipocondríaco, excessivamente preocupado com a menor dor ou obsessivamente fixado nas mais leves sensações anormais que o incomodem. "Consultei todos os médicos e ninguém foi capaz de me dizer o que eu tinha. São todos uns incompetentes! Inclusive botei um deles na Justiça." Não se esqueçam de que a hipocondria é uma variante da paranoia. "Li tudo a respeito dessa mancha suspeita. Não aguento mais! Nem consigo dormir pensando nas metástases. Estou tão ansioso que ninguém me aguenta mais. Nem minha mulher me suporta mais e quer me deixar."

Mostrei-lhes aqui um sujeito extremamente angustiado, fortemente hipocondríaco, que ficará repetindo sua ladainha durante várias semanas e provavelmente vai entrar em depressão.

- *Perder minha juventude idolatrada*

"Sempre tive um corpo atlético que eu adorava, e agora, aos cinquenta anos, por causa desse maldito joelho, preciso me apoiar numa bengala como um velho impotente. Não consigo aceitar esse enorme suplício que é a velhice! Sinto que perdi minha juventude. Estou chocado. Temo cair em depressão."

Um objeto divinizado que não deve jamais desaparecer, para o neurótico pré-depressivo, é nossa fugidia juventude. E, já que estamos falando de juventude, não posso deixar de citar o poema de um grande poeta latino-americano do fim do século XIX, Rubén Darío. São talvez seus mais belos versos:

> *Juventud, divino tesoro,*
> *¡ya te vas para no volver!*
> *Cuando quiero llorar, no lloro*
> *y a veces lloro sin querer.**

Admirável! Que música maravilhosa para cantar a nostalgia da nossa juventude tão amada! Com certeza não são palavras de um homem queixoso, à beira da depressão. Não, são palavras de um poeta que vê que o tempo passa e que a juventude se esvai, sem por isto cair no suplício da depressão. **O que é belo justamente é ficar privado do essencial sem se sentir destruído.** Ao contrário do deprimido, Rubén Darío não chora a perda de sua juventude, mas a alegria de tê-la vivido. E através das lágrimas de nostalgia sua juventude renasce, porque escrever um poema é um vigoroso ato juvenil. A criação é sempre nova!

Sem ser poeta, não posso resistir aqui ao desejo de fazer-lhes uma confidência sobre minha própria juventude. Acho maravilhoso, como muitos de vocês, ter a idade que tenho e me orgulho de uma bela juventude que me levou a ser aquele que sou hoje. Saboreio o presente porque não esqueço a sorte que tenho de existir, amar e agir.

Mas voltemos à angústia neurótica de perder a juventude e nos perguntemos quem são essas pessoas que ficam depri-

---

* Em tradução livre: "Juventude, divino tesouro,/ já te vais para não voltar!/ Quando quero chorar, não choro/ E às vezes choro sem querer". (N. T.)

midas ao sentir que a juventude está indo embora. Incontestavelmente, são sobretudo os homens que, acreditando numa juventude imortal, se recusam a crescer. Apesar dos anos que passam, permanecem eternos adolescentes, pensam como adolescentes, vivem e agem como adolescentes. São adultos pela idade, mas crianças nos sonhos e temores. Ora, como podem imaginar, o mais leve confronto entre seu corpo idílico e seu corpo que envelhece é imediatamente sentido pelo nosso Peter Pan como uma violência contra a ilusão de perfeição juvenil.

Penso também em outros homens pré-depressivos que são tomados não pela ilusão de uma juventude inalterável, mas pela ilusão de uma **virilidade infalível**. "É verdade. Não poderei mais viver se não sentir vibrar em mim a sensação de ser potente e experimentar o prazer de dominar." Da mesma forma, as mulheres cuja **feminilidade** não pode jamais murchar sofrem da obsessão da primeira ruga e da angústia de não mais seduzir. "Para mim é inconcebível continuar vivendo e me amando sem ter certeza de poder sempre seduzir."

• *Perder minha casa ou meu trabalho, ou ainda meu ideal ou meu dinheiro, todos objetos que venero*

"Amo este país e amo minha velha casa onde cresci. Eu sou minha casa e minha casa é meu corpo. Estou em estado de choque! O oficial de Justiça veio me comunicar que terei de sair daqui. Prefiro morrer a deixar minha casa. Temo cair em depressão."

Outro objeto de amor, sacralizado e vital, é um bem material, como a **casa** da nossa infância. Há também o **trabalho**, que podemos amar ao ponto da adição, caindo em depressão em caso de perda. Quantas vezes não ouvi um paciente queixar-se: "Meu trabalho era tudo para mim. Dei a ele tudo de mim e ele me devolveu multiplicado por mil. E acabo de receber agora uma carta de demissão, sem que ninguém se desse ao trabalho de me falar na cara".

Temos ainda outro objeto apaixonadamente amado que pode absorver uma vida, o **ideal** político e social. Ainda recentemente me dizia um paciente, velho militante comunista: "Meu sonho de uma sociedade fraterna, meu ideal de juventude, pelo qual tanto lutei, hoje desapareceu, enterrado por este mundo podre de individualismo, violência gratuita e busca descarada de lucro".

Para completar essa lista não exaustiva dos objetos sacralizados, fomentadores de depressão, penso no **dinheiro**, e pensando nele me lembro de um farmacêutico conhecido, atormentado pela preocupação de se ver arruinado a qualquer momento. Como um velho avarento, Henrique vai juntando seu dinheiro, tremendo à simples ideia de que lhe possa faltar. Lembrem-se do célebre monólogo de *O avarento*, de Molière. Harpagon, velho ganancioso, acaba de descobrir que seu dinheiro desapareceu, e começa a gritar: "Ladrão! Pega ladrão! Assassino! [...] Estou perdido, fui assassinado! Cortaram-me a garganta, levaram meu dinheiro! [...] Ai, meu pobre dinheiro, meu querido amigo, fui privado de ti! E como me privaram de ti, perdi meu arrimo, minha consolação, minha alegria; está tudo acabado para mim, não tenho mais o que fazer neste mundo! Sem ti, impossível viver!". Não haveria melhor maneira de lhes fazer ouvir o grito de desespero do neurótico que, perdendo seu objeto sagrado, sente que "está tudo acabado e nada mais tem a fazer no mundo".

*

Perda da pessoa **amada**, perda da **sensação amorosa**, perda do **amor-próprio**, perda da **saúde**, da **juventude**, da **feminilidade**, da **virilidade**, de um bem precioso como uma **casa**, um **trabalho**, o **dinheiro** ou mesmo um valor abstrato como um **ideal**: em todos esses casos, a perda será vivenciada pela pessoa predisposta à depressão como uma trágica desilusão feita de tristeza mas também de raiva, por se ver separada do objeto de amor e da ilusão a ele associada. A desilusão pode ser experimentada de três maneiras diferentes: como uma **privação**, se o neurótico vive a perda como a amputação de uma parte de si mesmo; como uma **humilhação**, se vive a perda como o dilaceramento do seu amor-próprio; ou como uma **frustração**, se sente que perder o objeto e a ilusão é uma recusa do que lhe fora prometido.

O choque emocional de hoje é o despertar do trauma psíquico de ontem

> O trauma e o choque emocional são dois sismos que respondem com mais de vinte anos de distância.
>
> J.-D. N.

No trabalho com meus pacientes muitas vezes constatei que a forte desilusão que os deixara deprimidos fazia eco ao violento trauma que os havia atingido na infância. Proponho então o seguinte enunciado: **o choque emocional de hoje é o despertar do trauma de ontem**. Se o trauma foi um abandono, uma cena de abandono vai abalar o sujeito; se o trauma foi uma agressão, uma cena de agressão vai abalar o sujeito; e se foi um abuso sexual, uma cena de estupro vai abalar o sujeito. Na quarta lição, "**Cérebro e depressão**", vocês vão ver que formulo a mesma ideia, mas em termos neurocientíficos: o choque emocional de hoje seria a reativação de antigas lesões interneuronais provocadas pelo trauma psíquico infantil.

Mas se é verdade que o choque emocional na idade adulta é uma revivescência do trauma infantil, nem por isto deixa de haver uma diferença essencial entre as duas coisas: o choque emocional é um abalo psíquico que se produz sem foraclusão. E digo "sem foraclusão" porque, ao contrário da criança traumatizada, que sente a dor sem saber que a sente (*foraclusão*), o adulto abalado sente a dor, tem consciência dela e consegue verbalizá-la.

Eu já tinha dito a vocês que o pré-depressivo é um neurótico que passou a vida toda se defendendo do retorno do trauma, e eis que o choque emocional é exatamente o referido retorno. O que se atira pela janela volta pela porta!

*

A causa latente da depressão é uma neurose grave (tempo 2), e a neurose grave é a consequência de um trauma infantil (tempo 1)

Acabo de dizer que a depressão é provocada por uma causa desencadeadora: a perda de um objeto de amor e da ilusão que ele ocasionava em nós; mas também por uma causa latente: **a fragilidade de um neurótico** tão apaixonadamente apegado a seu objeto de amor que fica aterrorizado à ideia de perdê-lo. Esse estado do neurótico doentiamente dependente quando ama e extremadamente ansioso em relação a perder o que ama define exatamente a predisposição neurótica à depressão. Gostaria assim de lhes mostrar de que maneira essa predisposição nasce em um trauma na infância, se desenvolve na idade adulta e, com frequência, eclode numa depressão.

O trauma psíquico infantil está na origem da depressão

A pessoa vulnerável à depressão foi portanto uma criança fragilizada por um trauma violento, em geral ocorrido antes dos dezesseis anos — tempo $\boxed{1}$ do nosso esquema. Quero já precisar que o impacto traumático pode ser violento objetivamente — no caso da criança que tenha efetivamente sofrido maus-tratos físicos, por exemplo — ou subjetivamente — como no caso de uma criança assustada ante a cena de uma briga sangrenta entre os pais. Assistir a uma cena violenta é tão traumático quanto apanhar. Por isso digo que, seja vítima ou espectadora, a criança fica traumatizada do mesmo jeito.

Vejamos agora quais são os traumas psíquicos mais frequentes. Eu identifico três variantes. Mas antes de tudo gostaria de definir o trauma numa fórmula curta: **o trauma é o impacto de uma excitação excessivamente forte num ser que não tem capacidade física nem mental para amortecê-lo.**

Eu dizia então que distinguimos três variantes do trauma psíquico ocorrido entre zero e dezesseis anos: o **abandono** (*morte de um parente querido, afastamento de um pai ou de uma mãe por divórcio, carência afetiva ou rejeição intencional por um dos pais, ou ainda a criança adotada após ter sido abandonada; não devemos esquecer que a criança adotada é antes de mais nada uma criança* *abandonada*); os **maus-tratos** físicos ou morais (*castigos ou humilhações contínuas*); o **abuso sexual** ou mesmo a **ternura invasiva e as carícias excessivas de uma mãe frustrada**. Graças à clínica sabemos bem quando uma ternura insistentemente carinhosa pode despertar emoções eróticas na criança, que, com isto, vai se mostrar insaciável em suas demandas de novos carinhos excitantes. Com efeito, uma ternura por demais sensual acaba deixando a criança frágil e constantemente insatisfeita.

Afirmo assim que muitas pessoas pré-depressivas ontem e deprimidas hoje foram crianças que se sentiram **abandonadas, maltratadas, abusadas** ou **excessivamente erotizadas**.

Gostaria agora de propor uma correlação que, até onde sei, ainda não foi estabelecida por ninguém, entre essas três variantes do trauma infantil e as três grandes neuroses do adulto. Vocês poderão constatar em suas consultas, assim, que um adulto que hoje sofre de distúrbios **fóbicos** provavelmente foi vítima na infância de um trauma de *abandono* no qual a *tristeza* se revelou por demais intensa e precoce; que um adulto sofrendo de distúrbios **obsessivos** provavelmente foi vítima na infância de um trauma de *maus-tratos* no qual a *dor*, física ou moral, foi excessivamente intensa e precoce; e que um adulto sofrendo de distúrbios **histéricos** provavelmente foi vítima na infância de um trauma de *abuso sexual* ou mesmo vítima de uma *ternura por demais sensual e erotizada* na qual a *excitação dolorosa* foi intensa e precoce demais.

Naturalmente, estou propondo aqui uma orientação. Gostaria que vocês compreendessem que essas três variantes do trauma (criança abandonada, maltratada ou abusada) são apenas indicadores para o clínico, que sabe que a vida é muito mais sutil e matizada do que diz a teoria! Se receberem um paciente histérico, não deverão lhe perguntar ingenuamente se sofreu uma agressão sexual quando criança! Ocorreu-me várias vezes não constatar abuso sexual típico no passado de um paciente manifestamente histérico. Levei tempo para entender que carinhos demasiado sensuais feitos diária e inocentemente pela melhor das mães podiam, no fim das contas, ter um impacto traumático numa criança sensível.

Tenho certeza de que, se adotarem a correlação *criança traumatizada / adulto neurótico*, vocês saberão sentir empaticamente a dor da criança traumatizada que seu paciente foi um dia e então prever uma eventual depressão.

Antes de prosseguir e lhes falar das consequências do trauma infantil, gostaria que fizéssemos uma pergunta muito importante, uma pergunta que todo mundo se fez um dia.

Neurótico como sou, será que corro o risco de entrar em depressão? Todo o mundo corre o risco de ficar deprimido? Minha resposta é: Não! Nem todos somos vulneráveis à depressão. Só ficará deprimida a pessoa que, tendo sido abandonada, maltratada ou abusada sexualmente na infância, se tornou tão frágil e dependente do parceiro, da saúde ou do trabalho que, se os perde, perde a *ilusão* infantil e estimulante de que é maravilhosa. E então desmorona. Sim, a depressão é uma *desilusão* cruel. Perder essa ilusão infantil tão essencial para o neurótico acaba sempre por deprimi-lo.

Fulminada pelo trauma, a criança se defende crispando-se numa reação de *narcisismo* e *hipersensibilidade*, duas defesas que vão forjar seu caráter de adulto neurótico, predisposto à depressão

Chegou a hora de entender de que maneira um trauma infantil pode gerar uma neurose profunda, ou seja, instalar a predisposição depressiva. Fulminada pelo impacto traumático, a criança, após um momento de embotamento, reage excessivamente, desesperadamente, com dois reflexos defensivos destinados a afastar o pesadelo de um novo trauma. "Isso não pode acontecer nunca mais!" O problema é que as defesas espontâneas são desproporcionais e continuam superativadas ao longo da vida. A criança traumatizada ficou tão transtornada com a agressão que, mesmo adulta, continua vivendo num estado permanente de alerta, por medo de sofrer novo ataque. O eu do adulto continua a defender-se de um perigo que já não existe na realidade. Podemos assim avaliar o quanto esses dois tipos de defesa deformam de maneira profunda e duradoura o caráter de um ser que agora se tornou vulnerável à depressão. Pressentimos aqui que, a partir do trauma, a depressão vai se preparando, lenta e surda, sem se manifestar à luz do dia. É esse período que chamo de *incubação da depressão*, período que corresponde à formação de uma neurose pré-depressiva, tempo 2 do nosso esquema.

Quais são então essas duas defesas de uma criança machucada pelo trauma? É o que acabo de indicar no nosso subtítulo, mas agora gostaria de demonstrar imaginando o personagem de um deprimido ultralúcido, Antônio, que seria capaz de nos contar como acabou resvalando para a depressão.

"Eu, Antônio, vou contar como entrei em depressão"

Eis então o que nos diria nosso paciente imaginário, sentado diante de nós. Vamos ouvi-lo: "Há muito tempo, ainda criancinha, fui vítima de um violento trauma que partiu meu ser ainda incompleto e acabou com o prazer na minha vida. No exato momento do impacto, ainda imaturo, não fui capaz de reagir, fiquei petrificado, atônito, em estado de foraclusão...".

Aqui precisarei interromper Antônio e introduzir um duplo parêntese. Primeiro, não esqueçamos que o impacto traumático pode ser **único** ou **desdobrado** ao longo de um ou dois anos. Mas, quer ele atinja a criança de uma só vez (*morte súbita de um dos pais, por exemplo*) ou por várias vezes (*ausências reiteradas de um pai hospitalizado com frequência*), nos dois casos diremos que o resultado é o mesmo: o pequeno sujeito fica traumatizado, em estado de foraclusão.

Justamente, meu segundo parêntese diz respeito a essa expressão *"em estado de foraclusão"*. Isso significa que o impacto, ou os microimpactos, traumático foi tão penetrante que a criança não foi capaz de designar com palavras o pavor que a tomou. É isto a **foraclusão**: *eu sinto, mas não sei o que sinto*. "Foraclusão" significa portanto ausência de conscientização da forte emoção vivida, ausência da representação mental que normalmente se manifesta na consciência quando sentimos uma emoção. Diremos assim que uma criança é acometida de foraclusão quando não consegue identificar a emoção traumática que vive. Ela vive a emoção, vive o trauma — "trauma" é o termo técnico para designar a emoção traumática —, vive portanto a emoção, mas não sabe expressar nem dizer para si aquilo que vive. Da mesma forma que um som agudo demais não é perceptível ao ouvido, a emoção aguda demais não é acessível à consciência. É o que chamo de *agnosia emocional*. A emoção é sentida, sim, mas não integrada mentalmente, é vivenciada mas não registrada pela consciência. Como veem, foraclusão é a incapacidade momentânea de reconhecer aquilo que se sente.

Retomemos agora o relato de Antônio, nosso deprimido ultralúcido: "Como eu estava dizendo, no exato momento do abalo traumático não fui capaz de reagir, mas no subsolo do meu inconsciente ficou ancorado o medo primitivo de ser traumatizado de novo. Fiquei aterrorizado. Por nada neste mundo quero sofrer a menor agressão que seja. Sim, fiquei e continuo a ficar apavorado. Preciso descartar a possibilidade de qualquer perigo. Meu medo me leva a erguer uma barreira imaginária contra um novo ataque traumático, a inventar uma fábula não consciente, um escudo de vento para me proteger. Mas, como verão, essa muralha de proteção acabou me fragilizando, distorcendo minha relação com os outros, deixando-me doente e gravemente neurótico.

"Vocês devem estar se perguntando qual é essa barreira imaginária que eu inventei. É simples. Eu construí duas ilusões que me deram grande segurança, mas infelizmente me fragilizaram e predispuseram à depressão: a ilusão de um ser grande, invulnerável, e a ilusão de estar superprotegido pelo amor de um parceiro no extremo oposto da maldade perversa do adulto que me agrediu. *Traumatizado, eu sonho em me tornar inatingível; ferido por um monstro, sonho em viver sob a proteção de um anjo.* Dupla ilusão, portanto, dupla compensação do trauma: um eu grandioso e um amor absoluto.

"Ora, essas duas ilusões são indissociáveis: não posso sonhar com essa grandeza se não acredito ser amado com um amor absoluto. Se me sinto plenamente amado, eu me torno o ser magnífico que sonho ser: o mais independente, se sou fóbico; o mais admirado, se sou obsessivo; e o mais castamente amado, se sou histérico. Eis portanto a bolha tóxica da minha dupla ilusão, uma bolha inflada de *narcisismo*, pronta para estourar, e que me transformou num neurótico frágil, sujeito à depressão.

"No entanto, a bolha do narcisismo não consegue evitar meu receio de ser agredido novamente. E assim surge em mim uma segunda defesa pós-traumática: a *hipersensibilidade*."

Encerro aqui a prosopopeia de Antônio, que nos ensina que a pessoa propensa à depressão é animada por dois sentimentos, dos quais nem sempre está consciente: *Me sinto amada* com um amor absoluto e seu derivado *Sou maravilhosa!* (narcisismo exacerbado). E, no entanto, *Desconfio de tudo, tenho medo de perder esse amor e que o trauma volte!* (hipersensibilidade).

Ora, como se manifesta a hipersensibilidade em nossos pacientes neuróticos? Quando se trata de uma pessoa sofrendo de **fobia** e que se angustia com o mais breve afastamento do companheiro, podemos dizer que ela teme ser novamente **abandonada** e reviver o trauma da infância. Quando se trata de uma pessoa que sofre de **obsessão** e se crispa ante a mais leve crítica do companheiro, podemos dizer que ela teme ser novamente **maltratada** ou **humilhada** e reviver o trauma da infância. E quando se trata de uma pessoa que sofre de **histeria** e fica furiosa com o desprezo do amado, podemos dizer que ela teme ser novamente **reduzida a um objeto sexual** e reviver o trauma da infância.

Saibam que, quando lhes falo com essa convicção, são os meus pacientes que estão falando. São eles que me inspiram as palavras que digo. No fundo, sou apenas aquele que transmite, um intermediário entre meus pacientes e vocês.

Agora podem entender melhor por que o neurótico pré-depressivo que recebemos em consulta nos parece ora um sujeito narcísico quimérico **muito seguro de si mesmo**, ora alguém que se julga medíocre e é um **hipersensível atormentado por seus temores**: medo de que o abandonem, que o diminuam ou que não o queiram bem.

Quero agora ir mais longe e traçar detalhadamente o retrato da pessoa suscetível à depressão.

Retrato do neurótico vulnerável à depressão: Dependente, insatisfeito, rígido e hipersensível, e em outros casos narcísico e angustiado

> Para ser didático, vou exagerar o retrato negativo de um pré-depressivo abstrato, mas não esqueço que, na realidade, a personalidade do pré-depressivo é imensamente complexa: os piores defeitos se misturam com as melhores qualidades.
>
> J.-D. N.

Nicolas corre o risco de ficar deprimido. É tão *dependente* da amada, fusionalmente dependente, que uma separação para ele seria dramática. Eterno *insatisfeito* com tudo e consigo mesmo. Queixa-se constantemente de nunca conseguir de Isabel o que ele pede. E, quando por felicidade a companheira dá, ele não quer! É *rígido* e intransigente. Quando briga com Isabel, apesar de adorá-la, ou com o chefe, apesar de admirá-lo, ele se aborrece, bate a porta e fica amuado: faz questão de se mostrar aborrecido, esperando que o outro peça desculpa. Infalivelmente, qualquer problema, por mais insignificante, vê amplificadas sua importância, sua duração e a dificuldade de ser resolvido. Para Nicolas, altamente neurótico, nada é relativo, tudo é absoluto, total, definitivo e insolúvel. Com isto, ele se mostra *hipersensível* às menores dores físicas e reage mal à menor frustração e ao mais leve reparo.

Basta esse primeiro retrato para entender que **os sinais precoces de uma eventual depressão não são sinais de depressão**. O pré-depressivo não é um deprimido, não se sente oprimido pela tristeza nem crispado pelo ódio e não procura se isolar dos outros. Não se sente culpado e, embora tenha arrependimentos, não é corroído pela interminável ruminação dos erros passados. Eis portanto o perfil de um primeiro tipo de neurótico pré-depressivo: *dependente, insatisfeito, rígido e hipersensível*, um neurótico que pode derivar lentamente para a depressão.

Mas cheguemos agora ao perfil de um segundo tipo de pessoa pré-depressiva: *narcísica* e *angustiada*, que de repente cai em depressão.

* *Glória: Do narcisismo exacerbado à angústia, e da angústia à súbita queda na depressão*

> Se a depressão é uma diminuição de si, a pré-depressão é uma exaltação de si.
>
> J.-D. N.

Aqui, ao contrário do que acontece com Nicolas, em quem a depressão se prepara em silêncio, o neurótico de que vou falar agora se deprime subitamente e com estardalhaço. O sinal mais evidente a anunciar um iminente desmoronamento depressivo é ver nosso analisando superexcitado por um **sentimento de grandeza e onipotência infantil**. A bolha da sua onipotência narcísica murcha de repente, ele se angustia demais e pode entrar em depressão. Mas cuidado! Não imaginem que estamos diante de um doente bipolar no qual se alternam períodos de excitação maníaca com períodos depressivos, entrecortados de fases de calmaria. Não. Estou falando de um analisando pré--depressivo que subitamente passa da onipotência à angústia, e da angústia à depressão.

Estou pensando em Glória e em sua desconcertante reviravolta do orgulho ao pânico. "É inadmissível!", queixava-se ela. "Eu valho mil vezes mais que isto! No trabalho eles não reconhecem meu valor, bem superior ao dos demais. Tenho de sair imediatamente desse lugar. Não posso ficar nem mais um dia numa empresa dirigida por incompetentes muito aquém da reputação que têm! É verdade que depois de tantos anos estou ocupando um cargo de direção. Mas agora acabou! Decidi assinar com os holandeses e finalmente aceitar uma missão digna de mim, embora menos bem remunerada."

É o que Glória me dizia, exaltada e excessivamente segura de si, antes de se demitir do emprego e entrar para a nova empresa. Mas bastou uma semana para que se desiludisse e, numa crise de pânico, me dissesse que de modo algum seria capaz de assumir a função para a qual fora contratada. "Jamais vou conseguir! Não sei nada do que estão me pedindo. Estou com vergonha de me mostrar tão incapaz diante de uma equipe que eu deveria dirigir. Hoje nem consegui ir trabalhar. Dr. Nasio, tenho de entregar o mais rápido possível minha carta de demissão." Vendo que Glória estava em pleno ataque de pânico, e sem esquecer que, ainda jovem estudante, já passara por crise semelhante, tentei relativizar. "Não vamos nos precipitar, Glória! Vamos esperar um pouco. Não entregue a carta por enquanto." Ela respondeu: "Não, não! Prefiro sair logo, antes que eles descubram que eu trapaceei dando a entender que era competente. Sou uma impostora!". Nos dias seguintes, tive de recebê-la com mais frequência e sugerir que retomasse o mesmo tratamento medicamentoso que dera certo na adolescência. E assim pudemos evitar a depressão.

Não posso me estender mais sobre esse caso, embora Glória seja o perfeito exemplo de um paciente narcísico pré-depressivo, cuja falsa certeza de ser capaz de tudo descamba para a falsa certeza de não ser capaz de nada.

Chego finalmente à última particularidade de uma pessoa suscetível a se deprimir: ser tomada por **intensas ondas de angústia**. De todos os perfis do pré-depressivo, o do angustiado talvez seja o que corresponda melhor à pessoa mais exposta à depressão. Quero aqui dizer sem rodeios: quando o paciente estiver sujeito a frequentes surtos de angústia, preparem-se para a eventualidade de uma descompensação depressiva. Na prática clínica, poderão reconhecer quatro tipos de surtos de angústia, de uma angústia tão forte que às vezes leva o próprio paciente a pedir sua internação. Quais são os quatro tipos? Em primeiro lugar, há a angústia extrema do ataque de pânico na fobia — é o caso de Glória; a angústia extrema de um paciente obsessivo que não suporta mais o assédio dos próprios pensamentos e rituais obsessivos; a angústia extrema de um paciente histérico que não suporta mais as enxaquecas e os permanentes espasmos corporais; ou ainda, quarta variante muito frequente, a angústia extrema de um paciente hipocondríaco que se julga acometido de uma doença grave ou iminente.

• *Alice ou O pedido desesperado por internação*

Esses diferentes surtos de angústia sufocante se tornam tão intoleráveis que o sujeito neurótico só pensa numa coisa: livrar-se deles a qualquer preço. Às vezes, a angústia é mais insuportável que a dor! Já sem forças, muitos pacientes, sufocados pela opressão, me imploram: "Doutor, me interne! A única coisa que eu quero é ficar sozinho, protegido, atrás de uma porta bem fechada". Justamente, na última quarta-feira recebi em caráter de urgência Alice, jovem histérica de dezoito anos que acaba de sofrer uma crise de pânico na qual achou que ia morrer asfixiada. No fim da nossa primeira entrevista, ela implora que eu providencie sua internação: "Não aguento mais, doutor! Estou com medo de enlouquecer! Quero ir embora, sair da minha casa, ir para um lugar isolado, numa clínica!". Nesse momento, mando entrar o seu pai, que estava na sala de espera, porque queria que ele ouvisse o que eu ia dizer à sua filha. Dirigindo-me à jovem, digo — não sem antes perguntar se podia tratá-la por você: "Não, Alice, não é o momento de uma internação. Você está pedindo para ir para uma clínica porque quer ficar sozinha, não ver ninguém, ficar tranquila. É isso que você quer: ser deixada em paz. Muito bem, por enquanto prefiro esperar um pouco. Vamos nos ver com frequência, e, antes de pensar em internação, prefiro recorrer a um medicamento. Depois, veremos".

Podem imaginar que foi uma grande responsabilidade para mim recusar a internação. Eu sabia que ela não tinha ideias suicidas nem intenções violentas em relação aos próximos. Sabia também que conseguiríamos reduzir os acessos de angústia graças a nossas sessões e à ação dos antidepressivos. Na medida do possível, evito internar um paciente, pois sei que uma estada numa clínica inevitavelmente deixará traços em sua história e na sua vida social. Se estou tratando aqui do caso de Alice, é para lhes mostrar que uma angústia, por mais opressora, pode ser tratada sem hospitalização e sem que o paciente caia em depressão.

Para concluir esse retrato do pré-depressivo angustiado, gostaria de decompor o crescendo que vai do sintoma neurótico à depressão, passando pelo auge da angústia. Proponho então a seguinte gradação: **sintoma neurótico** que se tornou insuportável, como por exemplo os acessos de pânico do fóbico, os pensamentos torturantes do obsessivo, as dores do histérico ou ainda a certeza de estar doente do hipocondríaco ⟶ **medo de enlouquecer**: o sintoma neurótico é tão poderoso que o sujeito teme perder a razão ⟶ **chegada de uma violenta angústia** ⟶ se a angústia não é contida, o sujeito se esgota e desmorona na **depressão**.

Tracei assim o retrato de diferentes analisandos que não estão deprimidos mas podem ficar. No primeiro caso — o de Nicolas —, a *dependência*, a *insatisfação*, a *rigidez* e a *hipersensibilidade* são os traços de caráter de uma pessoa que pode se deprimir. No segundo caso — o de Glória —, o *eu inflado* irrompe numa depressão; e por fim, no último caso, a *angústia extrema se degenera em tristeza depressiva*. Naturalmente, na realidade, todos esses perfis do neurótico pré-depressivo podem se sobrepor numa mesma pessoa.

Entre esses traços de caráter, contudo, dois são predominantes: por um lado, o pré-depressivo é apaixonado pela imagem grandiosa de si mesmo — é seu perfil **narcísico**; por outro, ele é doentiamente suscetível — é seu perfil **hiper-**

sensível. Na nossa prática, constatamos que no pré-depressivo alternam-se um excesso de autoestima, quando se sente amado por um amor absoluto, e um excesso de sensitividade, quando se sente mal amado. Se imaginássemos a personalidade do pré-depressivo como uma paisagem, descobriríamos um relevo montanhoso alternando cumes de empolgação e vales de angústia, e não a planície de uma vida aborrecida e sem brilho.

*

Considerações teóricas sobre o narcisismo e a hipersensibilidade

> Ora me sinto invulnerável, ora me sinto ameaçado. É a minha neurose!
>
> J.-D. N.

Gostaria agora de aprofundar os dois traços de caráter mais marcantes da pessoa exposta à depressão. Já disse que não somos todos iguais diante da depressão. **Nem todos que sofrem intensamente com a perda de alguém ou de uma coisa querida caem necessariamente em depressão.** Para que se declare uma depressão, sabemos agora, são necessárias duas condições: apego apaixonado a um amado sacralizado que infla nosso **narcisismo** e, simultaneamente, **hipersensibilidade** ao menor sinal de afastamento, censura ou indiferença por parte do companheiro. Naturalmente, essas duas condições estão intimamente ligadas: quanto mais fusional for o apego que o futuro depressivo tem pelo amado, mais febril será o temor de perdê-lo e mais dura será a dor de tê-lo perdido.

Devo então dizer: não é a perda em si que desencadeia uma depressão, mas a maneira como a vivenciamos. E a maneira como vivenciamos a perda, seja como **privação**, **humilhação** ou **frustração**, depende da natureza do apego que nos liga à pessoa, à coisa ou ao ideal que acabamos de perder. Se o apego tiver sido fusional, cairemos em depressão; se não tiver sido fusional, haverá tristeza, mas não depressão.

> É como se um adivinho vaticinasse: "Diga-me quem amas, se o amas febrilmente e se tremes à simples ideia de perdê-lo, e te direi se corres o risco de entrar em depressão".

Em suma, qual é o húmus em que a depressão germina? Para nós, psicanalistas, o fermento da depressão consiste na vulnerabilidade de um sujeito excessivamente apegado a um dos objetos divinizados dos quais já falamos — uma pessoa, um bem material ou um ideal —, cuja perda ele sentirá como uma **Privação**, uma **Humilhação** ou uma **Frustração**.

Daqui a pouco vou lhes falar da hipersensibilidade do pré--depressivo e dessas três maneiras de vivenciar uma perda de amor, mas antes devemos cuidar do seu narcisismo exacerbado.

• 1. O narcisismo exacerbado *do pré-depressivo*

> No narcisismo saudável, eu me amo sem pensar que me amo; no narcisismo doente, eu me amo me achando maravilhoso.
>
> J.-D. N.

Dissemos que o neurótico vulnerável à depressão, sentindo-se adorado e adorador de si mesmo, é dominado por um narcisismo exacerbado. Ora, quando podemos afirmar que uma pessoa sofre de narcisismo exacerbado? Antes de mais nada, o que é o narcisismo?

O que é o narcisismo saudável?

O narcisismo saudável, como sabemos, é o amor por si mesmo, ou melhor, o amor pela vida em si próprio, pela vida experimentada em si. O que é a vida em si próprio? A vida em si próprio é um frêmito interno que nos dá a sensação de estarmos vivos. O narcisismo é exatamente o amor desse frêmito que continua vibrando dentro de nós, não obstante o passar do tempo. Criança, adolescente ou adulto, somos invariavelmente animados pelo mesmo frêmito. Porém o narcisismo não é só o prazer de sentir a vida em si próprio, mas também de sentir que sou eu que a sinto. São duas percepções diferentes: uma coisa é sentir o que experimento, outra é sentir que sou eu que experimento. Pois bem, **o narcisismo é me amar vivo, ou seja, amar em mim aquele que é capaz de sentir emoções, de escolher, de decidir e de atuar.**

Do ponto de vista moral, o narcisismo se define em função do juízo que fazemos de nós mesmos: às vezes autoestima, outras vezes vergonha de si mesmo ou até ódio de si mesmo, mas sempre nos ocupamos de nós mesmos. **O narcisismo é isso: cuidar de si mesmo,** não importa qual seja o juízo, positivo ou negativo, que fazemos de nós mesmos. Assim é que fui levado na primeira lição, como devem lembrar, a formular o conceito de "narcisismo negativo" para designar a atitude do deprimido de estar sempre tomado por si mesmo, mas sempre se depreciando.

Deixemos de lado por enquanto o deprimido e passemos ao narcisismo moral saudável. Quero lhes dizer que devemos **saborear o sentimento sereno de não ser a mais feliz nem a mais infeliz das pessoas.** Essa é uma sabedoria que muitas vezes esquecemos de dizer a nós mesmos, e que às vezes me acontece lembrar aos pacientes.

Há também a definição propriamente freudiana do narcisismo, na qual o amor de si não é sinônimo de amar nossa sensibilidade nem de nos estimar, mas de amar nosso corpo, fonte de prazer. Não é um amor terno, mas eminentemente erótico: eu me amo como amo meu sexo. O homem se ama como ama seu pênis, a mulher se ama como ama seu corpo desejável.

Em suma, o narcisismo saudável é ao mesmo tempo amor pelo ser vivo que sou, estima pelo homem digno que me esforço por ser e amor pelo meu sexo.

O que é o narcisismo doentio?

Passemos agora ao narcisismo exacerbado do pré-depressivo, que é um bom exemplo de narcisismo enfermo. Ele continua sendo um amor por si mesmo, mas o amor por um si mesmo superidealizado. Não é mais o amor pelo ser vivo que sou, nem a autoestima, nem a paixão pelo meu sexo, nem sequer o amor por um eu ideal acessível: é o amor por um eu hiperideal inacessível. É aí que reside o problema, na **hiperidealização de si.** Eu, sujeito narcísico e vulnerável à depressão, sinto-me mais apegado à minha ilusão de ser excepcional que à realidade daquele que sou.

Aqui, gostaria de insistir na maneira como o neurótico pré-depressivo vive sua ilusão narcísica de um eu grandioso. Gostaria que compreendessem bem que essa ilusão não é uma imagem visual que se manifesta à consciência, como uma imagem estereotipada de um super-homem. Não, não é uma imagem figurativa, mas o vago e excitante pressentimento de ser uma pessoa extraordinária.

O neurótico pré-depressivo é um drogadicto da ilusão

Entretanto, para que essa ilusão de um eu hiperidealizado se mantenha, é absolutamente necessário ao neurótico estar unido, fusionalmente unido, a um amado ou uma coisa amada que alimente sua ilusão. Assim é que, sem se dar conta, ele faz daquele ou da coisa de que depende a fonte nutriente da sua ilusão infantil de ser perfeito. Eu diria então que **o neurótico narcísico, predisposto à depressão, é um drogadicto da ilusão.** Ele precisa da ilusão como de uma droga que o excite, mas também precisa sentir bem perto o **traficante** que lhe fornece a droga. Quem é esse traficante? O traficante é o seu amado. E quem é o seu amado? Já vimos. É um objeto de amor divinizado, por exemplo seu companheiro, sua companheira, seu filho, às vezes o chefe, seu cão ou mesmo a empresa em que trabalha há tantos anos.

Dirigindo-se ao objeto divinizado, nosso provável deprimido diria: "Eu te amo infinitamente. Não te amo pelo que és, mas porque me fazes acreditar, quando estou contigo, que sou maravilhoso. Se sinto que me amas sem falta — seja verdade ou não, não importa —, imediatamente imagino que um dia serei o mais livre dos homens, o mais admirado ou o mais castamente amado. Se te perco, perco minha ilusão de um eu grandioso. E se perco essa ilusão, não existo mais".

No **narcisismo saudável,** eu amo **meu eu ideal** sem depender totalmente do parceiro. Se meu amado se for ou morrer, ficarei triste mas continuarei a me amar e a amar a vida em mim. No **narcisismo doentio,** em contrapartida, amo meu **eu hiperideal,** dependendo totalmente de meu parceiro. Aí está a diferença entre o narcisismo saudável da neurose comum e o narcisismo doentio da neurose pré-depressiva.

• 2. *A hipersensibilidade do pré-depressivo*

Vejamos agora o segundo traço característico do pré-depressivo, a saber, sua hipersensibilidade, ou, melhor dizendo, sua hipersensibilidade à perda de seu objeto de amor e da ilusão de ser alguém excepcional. Já comentei que essa perda pode ser vivenciada de três maneiras diferentes: como *Privação*, como *Humilhação* ou como *Frustração*. Esta tríade me foi inspirada por Lacan, que por sua vez fora inspirado por Ernest Jones. Eles haviam distinguido três categorias: Privação, Frustração e Castração. Notem desde logo que, na minha tríade, introduzo o conceito de "Humilhação" no lugar de "Castração". Mais adiante direi por quê. Por enquanto, esclareço que nossos mestres enunciaram essas três categorias para conceitualizar as diferentes faltas ou carências de que um neurótico pode sofrer ao longo da vida. Pensei que essas variedades da falta podiam me ajudar a matizar a vivência da perda que leva o sujeito à depressão. Na troca com meus pacientes, aprendi que a depressão não é desencadeada após uma perda em geral, mas após uma perda de amor sacralizado, vivenciada pelo neurótico de maneira bem particular: ele se sente privado, humilhado ou frustrado. É uma das minhas descobertas inéditas, que proponho neste livro para melhor entendermos a depressão.

Examinemos agora essas três vivências da perda que leva à depressão.

• Comecemos pela *Privação*. A falta na Privação poderia ser formulada da seguinte maneira: *Eu não tenho aquilo que normalmente deveria ter*. Na verdade, a Privação é a falta de um objeto que integra um todo, objeto que deveria estar presente nesse todo mas não está. A morte do pai de uma criança de dez anos, por exemplo, é uma Privação porque é anormal que uma criança de dez anos não tenha mais o genitor a seu lado. Naturalmente, esse pai ausente poderá ser substituído mil e uma vezes, mas sua ausência continuará sendo uma Privação: um pai deve estar presente, ele não pode deixar de estar presente. Da mesma forma, o corpo tem dois braços. Não pode deixar de tê-los. A falta de um braço é uma Privação. A falta de um pai também é uma Privação.

Agora apliquemos essa definição da *Privação* ao deprimido que acaba de sofrer um choque emocional ao perder seu objeto de amor sacralizado e sua ilusão narcísica, isto é, o essencial de si mesmo. Ao perder seu objeto de amor e sua ilusão, ele sente que perde uma parte intrínseca do seu ser, uma parte vital, uma parte que não pode deixar de estar ali, pois nesse caso todo o seu ser desmorona. O deprimido vivencia sua perda como se lhe tivessem arrancado mais que um braço, como se lhe tivessem arrancado o coração, o desejo de viver. A emoção própria da Privação é a dor dessa sensação de que algo foi arrancado, dor que associamos à tristeza depressiva.

• O segundo termo da tríade é a *Frustração*. A falta na Frustração poderia ser formulada da seguinte maneira: *Eu não tenho o que me prometeram e que me foi injustamente recusado*. Na Privação era: "Eu não tenho o que normalmente deveria ter", ao passo que na Frustração é: "Eu não tenho o que esperava ter". Com efeito, a Frustração é a falta de um objeto prometido, esperado ou sonhado e que não chega. Eu sonho, por exemplo, em receber essa promoção tão merecida e tantas vezes reivindicada, mas sou brutalmente informado, sem qualquer explicação, de que não será possível... e o pior é que acabo de saber que ela será concedida ao incompetente do Lopes, o mais inútil do departamento!

Apliquemos agora essa definição de *Frustração* ao deprimido que acaba de sofrer um choque emocional ao ver que seu amado não cumpriu o prometido. Ele vai vivenciar uma intolerável Frustração. Ao não obter o que fora prometido, ele perde a confiança cega em seu amado, e com ela a promessa de grandeza que o fazia viver. No exemplo de promessa não cumprida de ascensão, o "amado protetor" não é uma pessoa, mas a empresa na qual trabalha há tantos anos e que deveria lhe conceder a promoção. A vivência da Frustração é uma mistura de tristeza por não ter conseguido o que era esperado e raiva contra o amado mentiroso e contra si mesmo por se ter deixado enganar. Na nossa primeira lição, tínhamos chamado despeito a essa mistura de dó e raiva. Recapitulando: se o sentimento de Privação é a dor de algo que foi arrancado, o de Frustração é o despeito da decepção.

• Para completar nossa leitura da tríade lacaniana, chegamos à *Castração*. Não incluí a castração na minha própria tríade, mas vocês verão que ela não pode ser dissociada das diferentes vivências da perda, pois de certa maneira as engloba. Vou me explicar, mas quero primeiro definir o que é a Castração. A *Castração* não é uma falta propriamente dita, mas o **temor de uma falta**, a falta de um objeto precioso que creio ter em meu poder e que tenho medo de perder. Aqui, o sentimento dominante não é a dor nem o despeito, mas a angústia, angústia de perder meu objeto precioso e sofrer por isto. Na verdade, a Castração não existe. Ninguém é castrado nem jamais o será! Não. O neurótico é que se imagina possuidor de um objeto precioso (*onipotência*) ⟶ imagina que pode perdê-lo (*angústia de perder* ou *angústia de castração*) ⟶ e ainda por cima imagina que, se por desgraça vier a perdê-lo, vai sofrer horrivelmente (*angústia de sentir dor*, que é uma variante da *angústia de castração*)! Decididamente, **toda a infelicidade do neurótico está em sua imaginação!**

• Chegamos por fim à categoria que acrescentei, influenciado por alguns dos meus pacientes, que se deprimiram após uma terrível **Humilhação**. Vi muitas depressões surgidas de uma contrariedade muito mal suportada. Essa quarta vivência da perda poderia ser formulada da seguinte maneira: *"Eu fui ferido no meu amor-próprio* porque Luísa, minha companheira, faltou ao respeito comigo na frente dos meus amigos. Eu não soube me defender e agora me sinto um imbecil. Perdi minha dignidade porque sinto que perdi a admiração de todos". Aqui, o sentimento dominante é uma dor, a dor mortificante de se sentir indigno. Quanto mais caro me for o meu amado, mais lesiva será a ofensa!

Um breve comentário sobre o **ser** e o **ter**. Como se recordam, a *Privação* era: eu não tenho o que normalmente deveria ter; a *Frustração*: não tenho o que me prometeram; a *Humilhação*: não tenho mais a minha autoestima porque ela foi achincalhada; e a *Castração* lança uma coloração de angústia nas três vivências da perda. Na *Privação*, eu sou amputado de uma parte intrínseca do meu ser; a Privação pertence ao domínio do ser. Na *Frustração*, não recebi o que me prometeram; a Frustração pertence ao domínio do ter. Quanto à *Humilhação*, ela também pertence ao domínio do ter, pois não tenho mais o orgulho de ser quem sou.

Uma última observação para sublinhar que, seja qual for o tipo de perda — Privação, Humilhação ou Frustração —, o deprimido sente que aquilo que perdeu é uma parte tão essencial de si mesmo que foi ele quem se perdeu. Para o deprimido, perder uma parte é perder tudo. Assim, na **Privação**, perder a *integridade* é perder tudo; na **Humilhação**, perder o *amor-próprio* é perder tudo; e na **Frustração**, perder a *confiança* é perder tudo.

É o que eu tinha a dizer sobre os três tipos de perdas às quais se mostra hipersensível toda pessoa vulnerável à depressão.

*

Antes de concluir esta segunda lição, gostaria agora de lhes propor um instrumento de trabalho. Reuni todos os traços que caracterizam uma pessoa suscetível de se deprimir, de modo que possam rapidamente detectar a vulnerabilidade depressiva daquele que tiverem à sua frente e agir de maneira eficaz para evitar que ele caia em depressão.

Para dar o devido destaque aos traços marcantes da personalidade de um neurótico pré-depressivo, optei por compará-los ponto a ponto com os do neurótico comum que todos nós somos. Desse modo, encontrarão nas páginas da **esquerda** o que caracteriza o **neurótico comum** *não vulnerável* à depressão; e nas páginas da **direita** o que caracteriza o **neurótico pré--depressivo** *vulnerável* à depressão.

Vocês podem considerar o quadro comparativo que se segue como um resumo detalhado de tudo que lhes disse esta tarde.

DETECTAR A VULNERABILIDADE DEPRESSIVA
e
PREVENIR A DEPRESSÃO

PESSOA NÃO VULNERÁVEL À DEPRESSÃO
Neurótico comum

A. Trauma psíquico infantil de crescimento

A pessoa não vulnerável à depressão é um neurótico comum que, como cada um de nós, sofreu na juventude vários traumas inevitáveis que afetaram seu eu, sem chegar a lesá-lo. Entre aqueles que denomino **traumas psíquicos de crescimento**, necessários ao desenvolvimento da nossa personalidade, temos por exemplo o nascimento de um irmãozinho, o divórcio dos pais ou a morte de um dos avós; todos traumas que, uma vez superados, nos ajudaram a amadurecer.

B. Traços de caráter do neurótico comum

1. *Dependência*: O neurótico comum que todos somos é *dependente* do seu amado, ao mesmo tempo dizendo a si mesmo e a ele, curiosamente, que não precisa dele! "Quando você vai embora, sinto sua falta, e quando está aqui, não te suporto." Uma dependência neurótica assim é uma **dependência relativa**: se for deixado pelo amado, o neurótico sofre, mas pode continuar se amando e voltar a amar outra pessoa.

PESSOA VULNERÁVEL À DEPRESSÃO
Neurótico pré-depressivo

A. Trauma psíquico infantil violento (zero a dezesseis anos)

A pessoa vulnerável à depressão é um neurótico que foi muito fragilizado por um trauma violento ocorrido na infância, o qual lesou profundamente o seu eu. Qual trauma? Distingui três variantes: *abandono (morte de um ser querido ou afastamento de um genitor divorciado, criança abandonada ou rejeitada por um dos pais)*; *maus-tratos* físicos ou morais *(humilhações contínuas)*; *abuso sexual* ou *ternura invasiva e demasiado sensual ou erótica de uma mãe frustrada*. Um adulto em risco de se deprimir, portanto, foi uma *criança abandonada*; uma *criança maltratada*; ou uma *criança abusada* ou *demasiado erotizada*.

B. Traços de caráter do neurótico pré-depressivo

1. *Dependência*: O neurótico pré-depressivo é **simbioticamente dependente** do seu amado. "Eu não posso ser sem você, nem você sem mim. Nós dois sempre em um." A dependência simbiótica é uma **dependência absoluta**: se seu amado o deixar ou morrer, o neurótico não quer nem pode mais amar novamente, não ama mais a si mesmo. É então que se deprime.

PESSOA NÃO VULNERÁVEL À DEPRESSÃO
Neurótico comum

2. *Narcisismo*: O neurótico que todos somos é um ser *narcísico saudável*. "Se você me amar, eu me amo. Se não me amar mais, eu certamente vou sofrer, mas, depois de um tempo de luto, terei forças para amar outra pessoa e continuarei a me amar." O narcisismo normal é um amor de si mesmo que não é totalmente dependente do amor de um outro.

PESSOA VULNERÁVEL À DEPRESSÃO
Neurótico pré-depressivo

2. *Narcisismo exacerbado*: O neurótico pré-depressivo é um ser *narcísico doentio*. "Quando me sinto amado por um amor absoluto, me acho onipotente. Se você me ama, eu me imagino grandioso, mas se um dia vier a perdê-lo ou perder seu amor, caio em depressão e me torno incapaz de me amar e de amar novamente." A pessoa vulnerável à depressão se ama caso se sinta amada sem reservas pelo parceiro. Se esse amor faltar, o pré-depressivo se deprime, odeia aquele que o decepcionou e odeia a si mesmo. O narcisismo doente do pré-depressivo é portanto **um amor desmedido por si mesmo subordinado ao suposto amor desmedido pelo outro**.

Observemos que o sonho de grandeza não impede o neurótico de ter uma opinião pobre sobre si mesmo. Às vezes se sente maravilhoso e outras vezes se julga insignificante.

PESSOA NÃO VULNERÁVEL À DEPRESSÃO
Neurótico comum

3. *Angustiado, perverso, culpado*: A pessoa não vulnerável à depressão — vale dizer, nós todos — está *frequentemente angustiada, sujeita a acessos de perversão e se sente às vezes culpada*. Todos os traumas normais de crescimento são vividos pelo neurótico à maneira de uma cena sádica de dois personagens — um perverso e uma vítima —, cena infantil que permanece gravada em nosso inconsciente de adulto e que, sem saber, reproduzimos constantemente em nossas relações afetivas. Se interpretamos o papel da vítima, nos angustiamos ante a ideia de sermos agredidos, abandonados, humilhados ou frustrados pelo nosso amado. Em contrapartida, se desempenhamos o papel do perverso, sentimos prazer em agredir nosso amado e em tratá-lo como um objeto, abandonando-o, humilhando-o ou frustrando-o. Todos nós — *todos* — temos acessos de perversão, frequentemente seguidos de um sentimento de culpa. Assim, o neurótico que todos nós somos se vê, em suas relações afetivas, ora angustiado, ora perverso, ora culpado.

PESSOA VULNERÁVEL À DEPRESSÃO
Neurótico pré-depressivo

3. *Narcísico, hipersensível*: A pessoa vulnerável à depressão alterna entre dois estados opostos. Em certos momentos, é *narcísica* e se vê como *onipotente* caso se sinta amada por um amor absoluto. Em outros momentos, se duvida desse amor, sente-se *insignificante, ansiosa* e *hipersensível*. Quando se sente onipotente, tudo lhe parece fácil e ela se considera livre de toda forma de perigo: "Nada pode me acontecer, pois me sinto amada e estou encantada". Em sentido inverso, quando se sente insignificante e hipersensível, pensa: "Preciso tomar cuidado, pois o pior pode acontecer: ser abandonada, humilhada ou frustrada".

PESSOA NÃO VULNERÁVEL À DEPRESSÃO
Neurótico comum

4. O neurótico comum é *sensível a toda ameaça de perder o amado ou de vê-lo se afastar*. Quanto mais nos apegamos ao nosso amado, mais nos tornamos sensíveis à eventualidade de perdê-lo e de sofrer com isso. Distingo três tipos de perdas de amor: *abandono, humilhação* e *frustração*. Assim, diremos que somos afetivamente sensíveis:

- ao *abandono*, à perda do *ser amado* e de seu *amor protetor*;
- à *humilhação*, à perda da *autoestima* porque nosso parceiro não nos valoriza;
- à *frustração*, à perda da *confiança* em nosso parceiro.

Se uma dessas perdas ocorre, sem dúvida sofreremos, mas não ficaremos deprimidos.

PESSOA VULNERÁVEL À DEPRESSÃO
Neurótico pré-depressivo

4. O neurótico pré-depressivo é *hipersensível a toda e qualquer ameaça de perder o ser amado ou seu amor*. Assim, diremos que a pessoa vulnerável à depressão é hipersensível:
- ao menor sinal de *abandono*, como a ausência momentânea do ser amado;
- ao menor sinal de *humilhação*, como um comentário crítico feito pelo ser amado;
- ao menor sinal de *frustração*, como um simples gesto de falta de atenção por parte do ser amado.

Em suma, a pessoa vulnerável à depressão não tem um humor taciturno, mostrando-se antes instável, permeada por dois sentimentos contrastantes: o de onipotência absoluta e o de fragilidade. Ela é *sonhadora* quando tem a ilusão de ser amada com um amor absoluto e *hipersensível* quando se sente sozinha e pouco querida.

PESSOA NÃO VULNERÁVEL À DEPRESSÃO
Neurótico comum

5. *Choque emocional*: *Quando ocorre uma perda de amor, o neurótico comum fica chocado e triste, mas não se deprime.* "Estou arrasado de tristeza. Por que ela se foi? Não é a primeira vez que sou abandonado por uma mulher. Estou sofrendo, mas sei que a vida continua." Ao perder nosso objeto de amor, ficamos tristes, mas nossa dor, apesar de insuportável, não nos destrói. Temos de nos acostumar à ideia de que, ao perder um ente querido, perdemos uma parte de nós mesmos: sentimentos, esperanças e até diferentes sensações que ele despertava em nós. *Quando perdemos aquilo que amamos, perdemos uma parte do que somos.*

PESSOA VULNERÁVEL À DEPRESSÃO
Neurótico pré-depressivo

5. *Choque emocional*: *Quando o pré-depressivo perde o seu amor, ele fica desiludido e se deprime*. "Estou arrasado, derrubado por uma traição que já temia! Não sou mais ninguém sem Cristina. Eu a odeio e odeio a mim mesmo por ter sido tão ingênuo." A dor de Armando é uma tristeza permanente e invasiva, misturada ao ressentimento contra a amada que o decepcionou. *Quando um pré-depressivo perde aquilo que ama, perde tudo o que era.*

• Se a perda foi o abandono do amado, o sujeito perde a ilusão de um amor indefectível (a permanência do amor). A perda é vivenciada então como uma *brutal Privação*.

• Se a perda foi uma ferida de amor-próprio infligida pelo amado, o sujeito perde a ilusão de um amor admirativo (a exaltação do amor). A perda é vivida então como uma *imperdoável Humilhação*.

• Se a perda foi uma indiferença por parte do amado, o sujeito perde a ilusão de um amor infalível (a intensidade do amor). A perda é vivida então como uma *intolerável Frustração*.

PESSOA NÃO VULNERÁVEL À DEPRESSÃO
Neurótico comum

C. Neurótico comum sem sintoma

A pessoa não vulnerável à depressão tem uma personalidade neurótica predominantemente fóbica, obsessiva ou histérica, mas **sem** sintomas flagrantes.

Fóbico, ávido de proteção: "Não gosto de mudanças. Não gosto muito de viajar e dormir fora de casa. Não me sinto segura, mesmo levando sempre comigo o meu gato". O neurótico *predominantemente fóbico* vive com um fundo permanente de ansiedade e tende a regredir a um estado de dependência infantil. Muitas vezes, mostra-se forte, mordaz e independente para mascarar *a criança amedrontada* e *dependente* que existe nele.

PESSOA VULNERÁVEL À DEPRESSÃO
Neurótico pré-depressivo

C. Neurótico pré-depressivo com sintoma

A pessoa vulnerável à depressão é um neurótico que sofre de sintomas fóbicos, obsessivos, histéricos ou hipocondríacos.

Fóbico com sintomas: Se a pessoa pré-depressiva sofreu um violento trauma infantil de *abandono, rejeição* ou *carência afetiva*, pode sofrer mais tarde de uma *neurose fóbica*, caracterizada por: uma hipersensibilidade ao menor afastamento do ser amado, vivido como *Privação*; uma forte angústia focalizada em objetos ou situações fobígenos; evitação do olhar do outro; frequentes ataques de pânico; comportamentos impulsivos contrafóbicos, procurando se confrontar com o objeto que no entanto lhe causa tanto medo. Neurose fóbica caracterizada também por acessos de agressividade contra o ser amado, para proclamar sua raiva de ter tanta necessidade dele! A presença de um ou outro desses sintomas *fóbicos* anuncia provável ocorrência de uma depressão.

PESSOA NÃO VULNERÁVEL À DEPRESSÃO
Neurótico comum

Obsessivo, ávido de reconhecimento: "Na vida de casal e no trabalho, tenho problemas com a autoridade. Estou o tempo todo com medo de ser julgado, desvalorizado ou deixado de lado". O neurótico *predominantemente obsessivo* é meticuloso, perfeccionista, rígido, às vezes tirânico em casa e servil no trabalho, moralizador e preocupado com a ordem, o dinheiro ou a higiene. Muitas vezes se mostra amável e bonzinho para mascarar a *criança agressiva* e *cheia de culpa* que traz em si.

PESSOA VULNERÁVEL À DEPRESSÃO
Neurótico pré-depressivo

Obsessivo com sintomas: Se a pessoa pré-depressiva sofreu um trauma infantil de *maus-tratos* físicos ou emocionais, pode vir mais tarde a sofrer de uma *neurose obsessiva*. Neurose caracterizada por: uma hipersensibilidade à menor recriminação, vivenciada como *imperdoável Humilhação*; uma grande exigência em relação a si mesma e aos outros; distúrbios obsessivo-compulsivos vale dizer, pensamentos e atos incontroláveis e repetitivos; dúvida patológica quanto ao que deve ou não fazer. Seus acessos de agressividade contrastam com uma gentileza afetada. A presença de um ou outro desses sintomas *obsessivos* anuncia a ocorrência provável de uma depressão.

PESSOA NÃO VULNERÁVEL À DEPRESSÃO
Neurótico comum

Histérico, ávido de amor: "Eu nunca fui amado. As pessoas não entendem o mal que me fizeram. Sempre me senti lesado, mas os outros negaram o meu sofrimento. Gostaria que me tivessem dito: desculpe pelo mal que lhe fiz". Não importa o amor que tenha recebido, o neurótico *predominantemente histérico* sempre tem o sentimento de ter sido mal amado, embora na infância fosse excessivamente mimado! Muitas vezes se mostra sedutor e voluptuoso para mascarar *a criança afetuosa* e *assexuada* que há nele.

PESSOA VULNERÁVEL À DEPRESSÃO
Neurótico pré-depressivo

Histérico com sintomas: Se a pessoa pré-depressiva sofreu um trauma infantil de *abuso sexual* ou de *ternura invasiva e excessivamente sensual*, pode sofrer mais tarde de uma *neurose histérica*. Neurose caracterizada por: hipersensibilidade à menor recusa, vivenciada como intolerável *Frustração*; erotização de tudo que não seja genital (*sentimentos, pensamentos, corpos e ação*) e repulsa ao que é genital (*coito*); e uma grande expressividade somática que deixa aflorar os conflitos inconscientes sob a forma de distúrbios físicos. A presença de um ou outro desses sintomas *histéricos* anuncia a ocorrência provável de uma depressão.

Atenção!
Nem toda pessoa traumatizada na infância será necessariamente pré-depressiva, e nem toda pessoa pré-depressiva cairá necessariamente em depressão!

Gostaria de encerrar esta segunda lição relativizando o que disse com base na experiência com meus pacientes e fazendo duas observações.

Primeiro, não esqueçamos que, à parte os neuróticos fóbico, obsessivo ou histérico, os pacientes sofrendo de hipocondria, distúrbios de conduta alimentar, distúrbios sexuais, adições, perversões, distúrbios do envelhecimento ou numerosas outras patologias, como a psicose, são pessoas igualmente vulneráveis à depressão. Devo acrescentar que o paciente que já passou por um episódio depressivo está mais exposto a viver um novo episódio. É o que chamo de vulnerabilidade por compulsão: é como se o segundo episódio depressivo fosse a repetição do primeiro.

Depois, segundo esclarecimento, pude constatar na minha prática que nem todas as pessoas traumatizadas na infância entram em depressão, apenas cerca de metade. Se tivéssemos de explicitar essa proporção, retomaríamos a sequência do nosso modelo de *depressiogênese*: *trauma psíquico* ⟶ *neurose pré-depressiva* ⟶ *choque emocional* ⟶ *depressão*, e diríamos o seguinte:

- de dez crianças **abandonadas,** cinco se tornariam adultos sofrendo de **distúrbios fóbicos,** estando portanto vulneráveis à depressão. De dez adultos sofrendo de distúrbios fóbicos, cinco, depois de um choque emocional, poderiam entrar em **depressão.**
- de dez crianças **maltratadas,** cinco se tornariam adultos sofrendo de **distúrbios obsessivo-compulsivos**, estando portanto vulneráveis à depressão. E de dez adultos sofrendo

de distúrbios obsessivo-compulsivos, cinco, depois de um choque emocional, poderiam entrar em **depressão**.

• de dez crianças **abusadas**, cinco se tornariam adultos sofrendo de distúrbios **histéricos**, amorosos e sexuais, estando portanto vulneráveis à depressão. E de dez adultos sofrendo de distúrbios histéricos, cinco, depois de um choque emocional, poderiam entrar em **depressão**.

O apanhado estatístico que acabam de ler é apenas uma orientação para a prática clínica e deve ser comparado a outros estudos estatísticos sobre a relação entre trauma e consequências do trauma. Entretanto, não esqueçamos que a estatística está sempre subordinada à singularidade do indivíduo. Não se pode jamais fixar de maneira irrevogável o futuro de uma vida. Não é porque uma pessoa sofreu um violento trauma infantil que estará necessariamente predisposta à depressão; e não é porque uma pessoa é predisposta à depressão que necessariamente irá ficar deprimida.

Nossas quatro definições da depressão

Antes de iniciar a terceira lição, gostaria agora de voltar às principais definições de depressão que apresentei até aqui.

• A primeira definição é **descritiva**: a depressão é um *conjunto de sintomas observáveis* sem considerar as causas invisíveis que a provocam.

• A segunda definição é **clínica**: a depressão é a manifestação da *descompensação de uma neurose pré-depressiva*. Vale aqui lembrar minha comparação: *a depressão é a espuma da neurose*.

• A terceira definição é **propriamente psicanalítica** (embora todas elas o sejam, já que todas são formuladas por um psicanalista!). Ao contrário da definição descritiva, esta aborda a depressão com base nas suas causas inconscientes: *a depressão é uma tristeza anormal provocada pela perda de um objeto de amor divinizado e da ilusão que ele suscita.*

• Por fim, a quarta definição é **psicopatológica** e resulta da aplicação da nossa terceira definição às três formas clínicas da neurose.

A **depressão** no paciente **fóbico** é a desilusão doentia decorrente da perda de uma dupla ilusão infantil: sentir-se amado por um amor superprotetor e contudo sonhar em ser o mais autônomo dos seres.

A **depressão** no paciente **obsessivo** é a desilusão doentia decorrente da perda de uma dupla ilusão infantil: sentir-se amado por um amor admirativo e se julgar o mais perfeito dos seres.

A **depressão** no paciente **histérico** é a desilusão doentia decorrente da perda de uma dupla ilusão: sentir-se amado por um amor exclusivamente terno e se julgar o mais sublime dos amados.

Numa palavra, **o fóbico sonha com a autonomia, o obsessivo sonha com a perfeição e o histérico sonha com um amor puro.** Um esclarecimento. Usei a expressão "desilusão doentia" para significar que o sujeito está deprimido não por ter perdido um objeto externo, mas porque perdeu um objeto interno, sua dupla ilusão infantil.

São estas as quatro definições de depressão que propus ao longo destas páginas: descritiva, clínica, propriamente psicanalítica e psicopatológica.

TERCEIRA LIÇÃO

Como ajudo meus pacientes deprimidos a se curarem?

Uma nova maneira de tratar a depressão

> Saibam que, quando lhes falo com essa convicção, são os meus pacientes que estão falando. São eles que me inspiram as palavras que digo.
>
> J.-D. N.

ESTA TARDE GOSTARIA DE LHES FALAR do tratamento psicanalítico da depressão. Digo "psicanalítico" porque nós, psicanalistas, procuramos não apenas eliminar os sintomas depressivos — colaborando às vezes com um psiquiatra que prescreva antidepressivos —, mas também, e é esta nossa vocação de terapeutas, modificar o núcleo da personalidade neurótica do paciente depressivo. Como disse na nossa primeira lição, não atacamos apenas o mal — a depressão —, mas a raiz do mal — a neurose pré-depressiva. Mais concretamente, *como ajudo a curar um paciente deprimido*?

Para responder, vou lhes apresentar três situações clínicas nas quais vemos o psicanalista em ação na primeira entrevista com um paciente deprimido. Começarei contando a história de Laurent, depois a de Clara, um bebê triste que recobrou a vontade de viver, dois casos muito diferentes, dos quais falei também em livro anterior, que mostram luminosamente minha escuta do deprimido e como crio condições para sua cura. Terminarei com a história de Benjamin, paciente que me confirmou a eficácia de uma nova maneira de tratar a depressão.

Laurent ou O suposto burnout

Laurent vem me consultar num estado de depressão aguda. É um homem de cinquenta anos, casado, pai de dois filhos e diretor de produção numa megacorporação da internet. Está em licença por doença e acredita que seu estado se deve ao excesso de trabalho. Está convencido de que, de tanto queimar toda a sua energia na atividade profissional, acabou por entrar em depressão. Assim, a exemplo de outros pacientes que nos consultam, Laurent rotula seu sofrimento com esta expressão na moda: burnout. Tendo ele falado longamente do conflito com seu diretor, que acabava de transferi-lo sumariamente para outro departamento, eu o questiono sobre as eventuais crises depressivas que poderia ter vivido na juventude e, de maneira mais genérica, sobre os rompimentos dolorosos do passado. Fico sabendo então que aos dois anos ele perdeu tragicamente o pai num acidente de carro, e que, já adulto, ficou profundamente abatido com dois fracassos terríveis: um infligido por seu melhor amigo de infância, que o traiu nos negócios, e outro pela mulher da sua vida, que o abandonou de repente.

Aqui, uma palavra indispensável sobre algo que me chamou a atenção na aparência de Laurent. Vendo-o diante de mim, fiquei surpreso com o contraste entre sua aparência de velho roqueiro, homem calejado incapaz de se comover, e os olhos tristes e sobretudo ternos de menininho amedrontado.

> O rosto é a janela aberta do inconsciente.
>
> J.-D. N.

Aqui, gostaria de frisar a importância, para o psicanalista, de saber observar, num relance perspicaz e penetrante, a fisionomia da pessoa que lhe fala e captar a mensagem não formulada de seu olhar. Sempre digo que oferecemos nossa face ao outro e, sem nos dar conta, revelamos a ele nosso segredo mais íntimo, um segredo que nós mesmos ignoramos.

Um psicanalista precisa saber "visitar", como dizia Emmanuel Levinas, "visitar o rosto do outro" e, eu acrescentaria, entrar por essa porta do inconsciente que é a fisionomia. Assim foi que mergulhei nas profundezas do olhar de Laurent, descobrindo ali uma criança angustiada no coração do homem triste que tenta se mostrar duro. Vi também sua face sulcada de marcas de angústia, em particular as duas rugas que descem ao lado do nariz até a comissura dos lábios. Indiscutivelmente a intensidade da angústia se manifesta também na tensão dos músculos faciais. As marcas no rosto traduzem invariavelmente os traços do caráter.

No fim dessa primeira entrevista, dirigindo-me a Laurent, procedi ao que chamo de uma Retificação Subjetiva, que já é uma interpretação psicanalítica da depressão. Para mim, uma interpretação não é a revelação de algo desconhecido, mas a formulação do que o paciente já sabe sobre si mesmo sem que jamais o tenha dito. Lembrem-se daquilo que não me canso de repetir: **interpretar é dizer claramente ao paciente o que ele já sabe, embora o saiba de modo confuso.**

Que disse eu a Laurent? Que foi que retifiquei? O que corrigi na ideia que ele fazia da sua doença? Corrigi a explicação que ele propunha para justificar seu estado. Disse-lhe então, com palavras simples, oportunas e como se fossem esperadas, que sua depressão não era um esgotamento decorrente de tensão excessiva no trabalho, mas a expressão de uma profunda desilusão. Falei que por trás do homem deprimido eu via uma criança angustiada, muito dependente e que hoje estava triste porque se sentia abandonada. E também — ainda no final da entrevista — que, quando o diretor, a quem Laurent adorava e admirava como um pai, lhe informou de sua substituição por um jovem e brilhante colega, ele vivenciou essa decisão não como uma desagradável mudança de cargo, mas como um aflitivo rebaixamento, uma queda no vácuo. "A emoção mais importante que o acompanha desde que era muito pequeno", disse-lhe, "é a angústia, o medo de não ser mais amado, de não sentir mais a proteção e a força proporcionadas pelo amor." Como podem ver, Laurent é tão dependente do amor do outro e tão angustiado ante a ideia de perdê-lo que, diante de qualquer acontecimento que interprete como um desamor, deprime.

Lembrem-se da diferença entre angústia e tristeza. **A angústia é o medo de perder o amor, ao passo que a tristeza é a dor de tê-lo perdido.** No nosso paciente, a angústia é o substrato de sua pessoa, ao passo que sua tristeza depressiva é uma reação provocada por uma mudança de cargo vivenciada como uma retirada do amor. Laurent achava que sua depressão era uma reação à estafa, quando na realidade fora desencadeada pelo sentimento de ter perdido o amor que o tranquilizava. Sabemos que nem todos os profissionais rebaixados necessariamente ficam deprimidos! Só deprime aquele que tem a necessidade imperiosa de se sentir amado, que vive sua desvalorização como um abandono e, além disso, como a perda da esperança de ser alguém excepcional.

Terceira lição

Em suma, minha intervenção me foi inspirada por uma ideia que me ocorreu no fim da entrevista, mas que amadurecia em mim, sem que eu tivesse consciência dela, à medida que escutava o paciente. Poderia decompor essa ideia numa sequência:

Preliminarmente eu pensava que Laurent vivenciara a morte brutal do pai como um trauma infantil de abandono.

→ Em seguida *senti* nitidamente que ele fora um menininho superprotegido por uma mãe viúva, sozinha e muito ansiosa. Como ele tinha dito que sua mãe era particularmente angustiada, deduzi que ela lhe havia inoculado sua angústia, a qual moldaria a personalidade de Laurent e definiria seu caráter.

Devo aqui fazer uma digressão. Acabo de dizer que *"senti"* que ele era um menininho superprotegido. Claro que eu trabalho, como todos os profissionais, com o que sei e com o que sinto. Sentir certamente é nosso melhor instrumento de percepção terapêutica, mas com uma condição: que você seja um profissional com anos de experiência, que estude muito e tenha seu trabalho supervisionado por alguém mais experiente. Nesse caso, poderá trabalhar com aquilo que sente. Se ainda é novo na profissão, se não estuda e não tem uma supervisão, não fale ao paciente daquilo que sente.

Vou dar prosseguimento à sequência.

► Em seguida, pensei também que essa criança superprotegida desenvolvera um eu hiperidealizado, um orgulho narcísico que a tornava mais frágil que nunca. Quanto mais uma criança é superprotegida, mais o seu eu se infla, sentindo-se onipotente, e menos ela é capaz de amortecer os golpes da vida. Insisto: **quanto mais superprotegemos uma criança, mais a enfraquecemos.** Ainda pequeno, Laurent não podia,

na minha opinião, deixar de corresponder a esse retrato de filho simbioticamente apegado à mãe. Como acontece com frequência com as crianças angustiadas, o pequeno Laurent devia ter dois comportamentos opostos: **caprichoso e tirânico em casa e, inversamente, tímido e angustiado na escola.** ⟶ O quarto elo do meu raciocínio era pensar que, uma vez adulto, Laurent precisava, sem se dar conta, sentir-se amado pelo que faz, mas sobretudo sentir-se amado pelo que é. Para ele, o amor protetor é uma droga vital que não pode faltar nunca.
⟶ Ocorre então, recentemente, a decisão do chefe de lhe impor uma mudança de cargo, decisão que ele vive como rejeição e humilhante traição. Instala-se nele então a síndrome depressiva: tristeza invasiva, ideias negativas sobre si mesmo, raiva por ter sido traído, angústia paralisante, grande cansaço e a sensação de uma indizível vacuidade.

Gostaria de fazer uma última observação a respeito da Retificação Subjetiva com a qual concluí a primeira entrevista. Considero essa intervenção o gesto inaugural do tratamento da depressão, e deveria mesmo dizer a primeiríssima e talvez a mais importante interpretação oferecida a um paciente deprimido. Muitos de vocês pensarão que minha intervenção junto a Laurent foi longa e detalhada demais para um encontro inicial. É verdade que eu preferi desenvolver amplamente a intervenção, pois há muito aprendi que as falas retificadoras com as quais concluo a primeira entrevista, palavras ditas com convicção, provocam no paciente o alívio de se sentir entendido e o desejo de começar o tratamento o mais brevemente possível. Com muita frequência essas palavras do início continuam impressas na memória afetiva do analisando e ressurgem em certos momentos decisivos do tratamento. Mais tarde, nas últimas sessões, nos surpreendemos — e foi o caso com Laurent — ao vê-las reaparecer, só que agora na boca do paciente.

Clara, a bebê que se deixava morrer

Vejamos agora a história da pequena Clara, por ser um exemplo eloquente da eficácia de uma interpretação psicanalítica. Interpretação que tem tal força terapêutica que a pequena paciente, uma lactente deprimida, viu seus sintomas desaparecerem em uma única sessão. Naturalmente, nem todas as nossas interpretações têm uma eficácia tão fulgurante, mas eu quis compartilhar com vocês essa singular sequência clínica porque é uma bela ilustração da nossa maneira de atuar com um bebê deprimido e, de modo mais genérico, com um adulto deprimido.

Clara é um bebê de dez meses trazido à consulta pela mãe. De aspecto enfermiço, ela tem a pele pálida, o que não é habitual num bebê. Seu corpinho carece de tônus, ela não come nada e não dorme mais, apenas três horas por dia. A mãe me diz ter consultado vários pediatras, sem resultado. Esclarece que antes a bebê chorava muito, mas de algum tempo para cá, em vez de chorar, Clara parou de dormir e mantém sempre os olhos arregalados e tristes. Ao longo da consulta, a menininha se mantém inerte, inexpressiva, o corpo largado sobre as pernas da mãe. Lembro-me muito bem dessa sessão. Lá estou eu sentado na minha poltrona, tendo à frente uma mesa baixa que uso quando recebo crianças. Mas, nesse dia, era a mãe quem estava sentada por trás da mesa, com a bebê no colo.

Depois de alguns minutos de conversa, tive a ideia de perguntar à mãe se ela própria dormia bem à noite: "Durmo pouco, doutor! Como poderia dormir se Clara não dorme?". E eu, sempre atento aos detalhes — tenho sempre o reflexo de procurar os detalhes, pois é neles que aparece o essencial —, insisto e volto a perguntar: "Mas no pouco tempo em que dorme, dorme bem?". A mãe hesita e por fim responde: "Na verdade me acontece uma coisa terrível. Basta eu cair no sono, e logo sou despertada por um pesadelo horrível: tenho de pé diante de mim minha irmã, chorando e falando comigo. Parece uma visão". "Uma visão? Como assim?", pergunto. "É a minha irmã mais moça, Lúcia, que se matou há oito meses em circunstâncias pavorosas. E essa visão volta a surgir toda noite desde o nascimento da menina." Ela começa então a soluçar. Nesse momento, vendo a mãe cair em pranto, volto-me para a bebê e, sem pensar, com toda a certeza de ser ouvido, digo-lhe: "Sabe, Clara, agora estou entendendo por que você não dorme. Você não dorme porque sente que sua mamãe está triste e você quer protegê-la. Mas, agora que eu sei por que ela chora, prometo, vou cuidar dela. Sou eu quem vai cuidar da tristeza da sua mamãe. Agora você pode descansar, pode dormir tranquila!".

Pois bem, quando lhe falei assim, a criança voltou a cabeça para mim e me dirigiu um olhar de tocante inteligência. Não tinha mais os olhos vazios e sem brilho do início da sessão. De repente, a pequena Clara se endireitou, como se seu corpo largado tivesse retomado vida, se aconchegou à mãe e apoiou a cabeça no seu braço, num gesto de alívio e sossego. Lógico que um bebê não entende o sentido das palavras, mas ouve a música emocional das palavras. E, nesse caso, minha música era ao mesmo tempo envolvente e firme.

É evidente que, quando um analista fala, para além do conteúdo do que ele diz, vibra a música da sua voz, a música emocional da sua voz, uma música que se harmoniza com o ritmo profundo da vida do paciente. Considero que a música da fala comovida de um analista é o sinal incontestável de uma interpretação bem-sucedida.

Mas voltemos ao nosso relato. Três dias depois, quando voltei a receber a mãe e a filha, Clara não era mais a mesma e sua mãe também havia mudado. O que aconteceu? Minha interpretação aliviou a criança porque, ao dizer que ia cuidar de sua mãe, eu livrava Clara dessa tarefa para ela impossível. Até então Clara não tinha mais apoio materno, pois a mãe, completamente absorta em sua dor, não o oferecia mais. Assim, desamparada, a menina se projetava excessivamente além de sua idade e se superava além das suas forças, tentando proteger a mãe, não só por amor mas por instinto de sobrevivência: ela precisava que a mãe se mantivesse serena e sólida. Precisava dispor novamente de braços fortes e afetuosos que a embalassem. Clara estava esgotada pelo esforço sobre-humano de uma vigília interminável. Eu tinha a impressão de que a bebê, ainda lactente, atravessava não o estágio oral mas já vivia a fase seguinte, motor-anal, na qual o bebê já fica de pé e tem força para apertar nos braços aqueles que ama. Desesperada, querendo tornar-se a mãe de sua mãe, ela fora longe demais para um bebê. Ao lhe dizer palavras comovidas, "Vou cuidar da sua mãe, pode dormir tranquila", eu a revitalizei, passando esta mensagem: "Volte para si mesma, reencontre sua inocência de bebê. Descanse!".

Como foi que me vieram essas palavras? No exato momento em que vi a mãe se desmanchar em lágrimas, eu entendi que o sofrimento do bebê era não poder cuidar da mãe, não poder ser a mãe da sua mãe. Porém essa compreensão não foi resultado de uma reflexão, muito pelo contrário, ela se impôs num lampejo.

Até aquele momento, eu não entendera a causa da tristeza ou da insônia da menininha. Foi preciso que ouvisse os soluços da mãe e a visse tão atormentada pela morte da irmã para, espontaneamente, me voltar para a criança, me concentrar e sentir em mim a tristeza que atormentava a bebê. Que tristeza? A tristeza de ter perdido o amor de uma mãe ausente, perdendo ao mesmo tempo o elã de viver proporcionado por esse amor. Aqui encontro novamente a ideia que me é mais cara neste livro: **a depressão de um bebê, assim como a depressão de um adulto, vem à tona quando o sujeito perde a única ilusão que o fortalece: a ilusão de se sentir chamado por alguém que o ama e cujo amor o estimula a avançar em direção ao seu destino. É o que o deprimido não tem mais: o chamado do outro, sentir-se esperado, necessitado, e sentir assim a força para seguir adiante.**

Um esclarecimento ainda a respeito dessa minha percepção. Enquanto me dirigia ao bebê, eu senti algo além da sua tristeza, senti que a pequena Clara vivia seu corpo como um corpo tetanizado, totalmente crispado, tensionado para a frente, querendo ansiosamente reencontrar os braços maternos que não a carregavam mais. Cheguei inclusive a imaginar que esse corpo estranho era um corpo que tivesse perdido as costas, como se perdendo os braços maternos que sustentam as costas do bebê, Clara tivesse perdido as costas.

Na verdade, o corpo hipertônico que alucinei era o exato oposto do corpo sem tônus de uma criança triste. Diante de mim eu via uma bebê abatida, mas na minha escuta endopsíquica via a figura de um bebê com as costas esfoladas e o corpo hipertenso. Percebemos assim como o corpo fantasístico, nascido na escuta do psicanalista, é muito diferente do corpo visível da bebê presente na sessão.

Fiz questão de lhes apresentar esse encontro com um bebê lactente deprimido porque ele é um exemplo vivo da minha maneira de interpretar a causa da depressão. Não foi uma interpretação racional, mas **uma interpretação intuitiva, eminentemente emocional**. É esse tipo de interpretação que considero mais eficaz para tratar um paciente depressivo. A interpretação emocional, assim, é resultado da tripla empatia que o psicanalista deve estabelecer com seu paciente. Uma **empatia** com a **vivência consciente** do paciente, uma **empatia** com sua **vivência inconsciente** e uma **empatia** com a **vivência inconsciente** experimentada pela pessoa mais próxima do paciente. A melhor interpretação a apresentar a um paciente é lhe dizer não apenas o que ele sente de maneira confusa, mas o que ele sente sem saber que sente. E, segundo as circunstâncias, dizer também — terceira empatia — qual é a imagem que faz dele a pessoa que lhe está mais próxima. A terceira empatia, então, significa o psicanalista sentir em si mesmo a emoção que, por exemplo, a mãe vive pelo filho. Eu tenho empatia pela mãe e sinto o que ela sente pelo filho. Mas atenção! Nem sempre comunico ao paciente a emoção empática que estou vivendo. Muitas vezes prefiro me calar e esperar o momento oportuno de dizê-lo.

Nós, terapeutas, temos portanto **três empatias** a estabelecer com nosso paciente, três sentimentos a experimentar: seu sentimento **consciente** — no caso de Clara, eu senti que, tendo sido abandonada pela mãe, ela se deixava morrer; seu sentimento **inconsciente** — no caso de Clara, senti que, ao mesmo tempo que definhava, ela se crispava para encontrar a força de ser a mãe de sua mãe; e, terceira empatia, experimentar o sentimento **inconsciente da pessoa mais próxima do paciente** — no caso de Clara, senti o sofrimento de uma mãe impotente que confessa a si mesma: "Não aguento mais! Não aguento mais cuidar da minha filha!". Quando vi a mãe chorar, senti que inconscientemente ela dizia a si mesma: "Eu não fui capaz de cuidar da minha irmã menor, que hoje está morta, e agora não consigo cuidar da minha filhinha, que está definhando".

Parece claro por que, então, falo de uma **tripla empatia psicanalítica**. Essa tripla empatia é, na minha opinião, a operação mental que só um psicanalista pode efetuar, graças ao *Inconsciente Instrumental* que forjou ao longo da sua prática. Acabo de dizer "operação mental", mas deveria ter dito "operação eminentemente emocional e sobretudo imaginária". Por quê? O que é a empatia senão um trabalho da imaginação? Ter empatia pelo paciente, afinal, é **imaginar** os sentimentos que ele experimenta e, ao imaginá-los, senti-los também. Para resumir numa frase: *eu imagino o que o outro sente e, ao imaginá-lo, sinto também.*

*

Duas missões que devem ser desempenhadas por um psicanalista para guiar seu paciente deprimido em direção à cura

Acabo de relatar a ação do psicanalista no primeiro encontro com Laurent e com a pequena Clara e sua mãe. Como viram, não hesitei em revelar muito prontamente aos dois pacientes as decepções que acabaram provocando seu desmoronamento depressivo. No caso de Laurent, expliquei-lhe que, desde a morte do pai, ele sempre se sentira abandonado pelos grandes amores da sua vida, e que sua história não passara da repetição de uma mesma cena vivida e revivida invariavelmente, a cena de um indizível abandono. Quanto a Clara, fiz com que assimilasse de maneira fulgurante que sua depressão de bebê duplicava a depressão de uma mãe em sofrimento, como se fosse uma depressão tomada de empréstimo.

Mas, uma vez iniciado o tratamento, como devemos nos comportar diante de nosso paciente deprimido? Para ser rigoroso, identifiquei duas missões que o psicanalista deverá realizar para conduzir seu paciente até a cura.

> Toda a infelicidade dos neuróticos está em sua imaginação, e todo o trabalho do psicanalista consiste em modificar essa imaginação.
>
> J.-D. N.

Comecemos com uma premissa. Gostaria de enunciá-la de maneira simples:

Eu não cuido apenas da pessoa deprimida, mas da pessoa narcísica que se esconde por trás da deprimida. Da mesma forma, não cuido apenas da tristeza depressiva, mas da dupla ilusão narcísica cuja perda originou a tristeza depressiva. E, para concluir, quando estou diante de um ser triste, não esqueço jamais de buscar o ressentimento associado ao seu sofrimento e de revelá-lo com tato. Esta é a minha premissa.

Estabelecido esse posicionamento, e me encontrando diante de um paciente deprimido que recebo com regularidade, penso imediatamente que precisarei ter êxito em duas missões essenciais.

A **primeira missão** que devo cumprir — a mais difícil — é desativar no deprimido tanto o **ódio** que o corrói hoje quanto o **narcisismo exacerbado** de ontem, que o predispôs à depressão. E digo a mais difícil porque é um trabalho duplo e delicado: primeiro, mostrar ao paciente que ele está impregnado por um **rancor pertinaz**, nem sempre consciente, contra o ente querido que o decepcionou. Depois, fazê-lo entender que a amarga **desilusão** que o atormenta hoje é inversamente proporcional à ilusão narcísica patogênica que fomentou sua depressão. Lembremos a nossa fórmula: **se a ilusão narcísica e febril de ontem foi desmedida, a desilusão de hoje será depressiva.** Juntos, analista e paciente devem desvitalizar pouco a pouco, ao longo das sessões, essa ilusão tóxica de onipotência, começando por descobrir de que maneira ela foi forjada em reação a um trauma e como se formou desde a infância.

Por exemplo, lembro-me de ter dito a Emília, uma paciente deprimida, cansada de tudo e se queixando de nunca ter tido nada de gratificante na vida: "O que está acontecendo é que você às vezes foi e continua sendo muito exigente, ambiciosa e por vezes até voraz. Sim, voraz, porque queria ter coisas demais, filha única que conseguia tudo dos pais idosos. Você sonha em ter tudo e depois fica decepcionada por não ter nada. É como se **nós** não soubéssemos distinguir o que é possível do que não é". E acrescento num tom de cumplicidade: "Como se **nós** não soubéssemos ser humildes".

Como terão percebido, ao dizer "nós", ao falar no plural, eu deslizo insensivelmente nos interstícios do psiquismo da minha paciente: sinto em mim sua avidez narcísica de possuir tudo e ao mesmo tempo lhe falo como se ela estivesse falando consigo mesma, sem sentir vergonha de se admitir voraz. Se eu tivesse dito: "Você é possessiva demais! Não tem humildade!", ela se sentiria humilhada e imediatamente me repeliria. Por trás da queixa do neurótico deprimido vamos encontrar sempre a vaidade narcísica, que não devemos nunca condenar. Recorrendo ao pronome "nós", eu faço minha a voracidade dela, e assim Emília aceita reconhecê-la como sua. Eu assumo sua pulsão, **assumo seu Isso para corrigir o seu Eu** saturado de presunção.

Essa expressão "corrigir o eu" é empregada por Freud numa frase que muitas vezes me serve de guia no trabalho de analista, especialmente com pacientes depressivos. Nas linhas que vou ler agora, escritas no fim da vida, ele nos aconselha a cumprir uma dupla tarefa terapêutica que convém perfeitamente ao tratamento do paciente deprimido. Trata-se de um trecho extraído do seu belo artigo "Análise terminável e análise interminável", de 1937. Gostaria de ler para vocês a seguinte passagem: "Nosso esforço terapêutico oscila constantemente, durante o tratamento, entre um pequeno fragmento **de análise do Isso** e um pequeno fragmento de **análise do Eu**. No primeiro caso, queremos tornar consciente alguma coisa do Isso; no outro caso, queremos **corrigir** alguma coisa no Eu".

Como veem, os dois principais gestos técnicos que devemos efetuar oscilam à maneira de um pêndulo. Na extremidade esquerda, do lado do Isso, levamos o paciente deprimido a tomar consciência da virulência de sua pulsão agressiva, exatamente como tentei fazer com Emília, revelando a sua voracidade. E na extremidade direita, do lado do Eu, ajudamos o paciente a abandonar esse amor exacerbado de si próprio que o tornou tão vulnerável à depressão. De um lado, cuidamos da sua pulsão (**Isso**), do outro, cuidamos do seu narcisismo excessivo (**Eu**).

Ocorre-me um segundo exemplo de análise da pulsão agressiva (**Isso**) destinada a aplacar o ódio numa paciente depressiva. "Você não é uma pessoa má", dizia-lhe eu. "É agressiva, sim, mas por medo. A sua agressividade é uma agressividade de defesa. Na verdade, você ataca por medo de ser traída novamente."

Esta é portanto a nossa primeira missão: tratar a agressividade e o narcisismo.

> Qualquer que seja a neurose de base, fóbica, obsessiva ou histérica, o deprimido é sempre um obsessivo triste.
>
> J.-D. N.

Paralelamente, a **segunda missão** que me atribuo é mostrar ao paciente deprimido que o problema das suas **ruminações obsessivas e pulsantes** não está tanto no conteúdo negativo das ideias, mas na hiperatividade do seu pensamento estéril. E friso isto porque a literatura atual sobre a depressão dá ênfase à negatividade das ideias na pessoa deprimida. Para mim, o problema principal não é a negatividade das ideias, nem o terapeuta insistir em transformar o negativo em positivo, ou querer transformar a autodepreciação em autoestima normal, mas tentar **moderar o afluxo compulsivo do pensamento obsessivo**.

Mas como moderá-lo? Para responder terei de lhes comunicar uma descoberta. Constatei que a hiperatividade obsessiva do pensamento num deprimido, seja um neurótico fóbico ou um neurótico histérico, é uma defesa para impedir que sua agressividade contida se libere. **A hiperatividade mental é uma defesa contra a agressividade.** É um fenômeno que eu não sabia explicar antes de trabalhar com a depressão. Eu sabia que um obsessivo, deprimido ou não, refreava sua agressividade, e que, por outro lado, era um ser doente do pensamento: ele pensa sem cessar, pensa no vazio, inutilmente. Muitas vezes, não aguentando mais, ele se queixa: "É insuportável! Não consigo mais parar de pensar! Bato na testa como se quisesse parar meu cérebro desenfreado, mas não adianta nada!".

Eu então me fiz a seguinte pergunta: que vínculo existe entre o fato de o obsessivo estar doente do pensamento e ao mesmo tempo doente de agressividade? Muito bem, a resposta que encontro e que lhes proponho se resume numa afirmação: **o obsessivo está doente do pensamento para evitar ser agressivo com os outros e consigo mesmo.** "Eu penso demais", diria ele, "não consigo parar de pensar porque, enquanto minha cabeça está pensando, eu não sou agressivo, reprimo minha pulsão agressiva." Sabemos perfeitamente, contudo, que nenhuma defesa, nenhum recalque é totalmente impermeável. Por mais recalcada que seja, a agressividade acaba irrompendo na consciência do deprimido, transforma-se em rancor, nuança a tristeza com as cores do ódio e, em certos pacientes, assume a forma da vontade de tudo controlar: **a vontade de controlar tudo é uma forma de agressividade.**

Assim, se voltarmos à nossa segunda missão, que consiste em moderar o afluxo compulsivo do pensamento obsessivo, diremos que é necessário antes de mais nada aplacar a agressividade do deprimido. Diminuindo sua agressividade, diminuiremos automaticamente seus pensamentos obsessivos. Muito bem. Mas como diminuí-la? Ou então, o que dá no mesmo: como um deprimido pode sublimar sua pulsão agressiva? Ou seja, como ele poderia dar vazão ao seu instinto de destruição de uma forma sadia? Entre as diferentes sublimações de uma pulsão agressiva estão o despertar da curiosidade, o desejo de aprender e, para além disso, o desejo de agir e criar. Tornando-o curioso e ativo, teremos contido a excitação do seu pensamento. Aqui já os ouço perguntar: mas como provocar a curiosidade, o desejo de aprender e mesmo a vontade de criar num deprimido farto de tudo e de si mesmo? Eu responderia que conseguir isso é o meu desafio de psicanalista. Desafio que já enfrentei com diferentes pacientes, particularmente *Benjamin*, de quem logo falarei. Vocês vão descobrir então uma outra maneira de tratar a depressão, por meio do que denominei *Interpretação gráfica*.

São estas portanto as duas missões que me atribuo como psicanalista de um paciente deprimido: por um lado, **tratar sua agressividade** e o **narcisismo exacerbado** que o levou à depressão, ou seja, desvitalizar sua velha ilusão infantil de poder absoluto; e por outro lado **tratar o caráter obsessivo de seu pensamento negativo**, facilitando nele a sublimação da sua pulsão agressiva.

*

Antes de apresentar uma nova maneira de tratar a depressão, gostaria de acrescentar duas recomendações importantes.

- Em primeiro lugar, se acharem que é oportuno reconfortar o paciente deprimido, lembrem-se de que o que importa **não são as palavras que dizem, mas a autenticidade com que são ditas, a sua convicção, a sua música**, como demonstrei há pouco no caso de Clara. Quando vocês estão imbuídos da intensidade da escuta, a vibração da sua voz sobrepassa a tristeza do paciente, neutraliza seu ódio e atiça a pulsão de vida que dorme nele.

- Outra recomendação. Para acompanhar um deprimido em crise, não discutam os motivos que na opinião dele justificam seu sofrimento. Não entrem em suas queixas e ruminações mórbidas. Deixem que se queixe e, com respeito, ouçam sem contradizê-lo. Será melhor propor que fale da sua infância e mesmo que traga velhas fotos suas, de quando era bebê, por exemplo. Surpreendam-no com um convite para que aborde detalhadamente um aspecto de sua história ou da sua vida atual.

Uma nova maneira de tratar a depressão:
A *Interpretação gráfica*

> "Nós falamos demais. Deveríamos falar menos e desenhar mais. [...] Eu gostaria de me desabituar da palavra e passar a exprimir meu pensamento exclusivamente em desenhos."
>
> GOETHE

Não me refiro a "uma nova maneira de tratar a depressão" para me singularizar, mas para dar nome à imprevisível novidade que surgiu na troca com um dos meus pacientes deprimidos. Aos poucos, essa novidade se repetiu com outros pacientes, revelou-se eficaz e exigiu que eu a conceitualizasse, para poder transmiti-la a vocês. Não esqueço que nós, como analistas, devemos estar sempre abertos à mutável originalidade da experiência.

Às vezes não hesito em pedir ao paciente que se sente à minha frente, na beira do divã. Eu me sento numa banqueta. Pego papel e lápis e, apoiando-me na mesinha baixa que temos entre nós, traço com ele a linha do tempo na qual identificamos acontecimentos marcantes de sua vida que balizaram o caminho levando à depressão — basicamente os **momentos de união** e os **momentos de ruptura**. Detemo-nos em cada um desses momentos, comparando-os e tentando identificar o que se repete, seja a maneira doentia de amar ou a maneira doentia de se separar. O desenho torna-se então uma *Interpretação gráfica* que não apenas desperta a curiosidade do paciente — o qual muitas vezes pergunta se pode levar o esquema para casa — como produz sobretudo um indiscutível efeito terapêutico. Que efeito?

O interesse pelo desenho que fizemos durante a sessão leva o deprimido a agir, ele, que é um doente do não agir. Em casa, ele corrige o esquema, o completa e, sem se dar conta, se apaixona pela própria história, ansioso por relatar ao analista o que descobriu a seu respeito. É como se tivéssemos induzido nele uma outra maneira de se ocupar de si, diferente da ruminação obsessiva e triste. Transformamos um pensamento estéril num pensamento fecundo, criador de si e aberto para o outro. Com isso, o narcisismo negativo torna-se positivo: o deprimido se comprazia em se depreciar e agora se interessa pela sua história. Esse apaziguamento do pensamento hiperativo e do narcisismo deve ser considerado um efeito terapêutico da nossa *Interpretação gráfica*, que seria melhor chamarmos de *Cointerpretação gráfica*, já que o paciente participa ativamente dela. Nosso diagrama foi uma primeira vitória sobre a ruminação e o narcisismo negativo do deprimido.

> Para que a técnica seja eficaz, o que importa não é a técnica, mas você, a sua pessoa, que a utiliza.
>
> J.-D. N.

Estamos aqui muito longe do analista calado que trabalha apenas com as palavras que ouve. Acabo de lhes mostrar que ele também trabalha com a mão e com o desenho por ela traçado sob a orientação do seu inconsciente criador. Exatamente como no caso das crianças e dos artistas, o desenho é para o analista que somos a expressão visível e sublimada da nossa emoção.

Mas entendam-me bem. Qualquer que seja a técnica empregada por um psicanalista, o essencial é a disposição subjetiva com a qual ele intervém. Na verdade, **o valor da intervenção do terapeuta não reside na intervenção em si mesma, mas na atitude mental que a inspira**. No meu caso, minha atitude mental foi mostrar ao paciente deprimido que sua depressão era a culminância de um processo no qual se alternam ilusões infantis e decepções cruéis. Meu objetivo era que, vendo o traçado da sua linha do tempo, o analisando **tomasse consciência** de que o seu episódio depressivo fora a queda de um estado de presunção narcísica. Temos aí uma autêntica interpretação psicanalítica: *desenhar e tornar visível o inconsciente invisível*.

Podem ver assim a que ponto desenhar a história de uma emoção dolorosa ajuda a aplacar a emoção. Gostaria agora de lhes mostrar numa linguagem imagística o que um paciente nos teria contado para explicar como um desenho aliviou sua tristeza.

> "Meu *coração* está pesado ⟶ minha *cabeça* está dizendo que eu estou triste ⟶ minha *mão* desenha a história da minha tristeza ⟶ meus *olhos* identificam os marcos dessa história ⟶ minha *cabeça* dá um sentido ao desenho ⟶ meu *coração* fica mais leve."

Benjamin, um exemplo de *Interpretação gráfica*

> É preciso fazer, se observar fazendo e teorizar o que se faz.
>
> J.-D. N.

Quero me deter um momento e lhes apresentar o diagrama que desenhei junto com Benjamin, jovem farmacêutico de 33 anos, rosto de adolescente, neto caçula demasiadamente mimado pelo avô materno. Ele veio me consultar há algum tempo, depois de procurar diferentes especialistas, entre eles um hipnoterapeuta e um especialista em EMDR (*eye movement desensitization and reprocessing*), a técnica de dessensibilização e reprocessamento pelo movimento dos olhos. Benjamin me explica na primeira entrevista que teve três depressões e que na última, após duas tentativas de suicídio, foi hospitalizado e diagnosticado como doente bipolar. Duvidando desse diagnóstico, tinha tomado a iniciativa de suspender a ingestão de lamotrigina, um timorregulador usado no tratamento do distúrbio bipolar, que lhe haviam prescrito no hospital.

Eu teria muitos detalhes a dar sobre esse primeiro encontro com Benjamin, mas prefiro apenas relatar um fato surpreendente ocorrido na entrevista. Um fato que vai orientar minha interpretação psicanalítica e, semanas depois, levar-me a desenhar com o paciente o diagrama de seus diferentes episódios depressivos. O que aconteceu? Em dado momento de nossa troca, ele me conta que tentou se suicidar duas vezes. Quando pergunto de que maneira, ele responde, com uma ponta de malícia: "Por enforcamento". "Como assim?", insisto. "Eu me pendurei na maçaneta da porta, mas não funcionou." "E tentou duas vezes da mesma maneira?" "Sim, mas na primeira vez não me deixei escorregar o suficiente para que a corda me estrangulasse, e na segunda fiquei com medo e desisti no momento em que a corda começou a me apertar muito forte no pescoço." Ouvindo-o, fiquei pensando que não eram verdadeiras tentativas de suicídio. Algo desconcertado, peço-lhe que vá até a porta e me mostre concretamente como fez. Sem nada dizer, ele então se levanta, senta-se no chão com as costas contra a porta, levanta os braços e, com a cabeça inclinada para um lado, faz o gesto de passar no pescoço uma corda imaginária que estaria amarrada à maçaneta.

Ante uma cena tão teatral, eu logo entendi que as duas tentativas de suicídio, misturando o trágico e o risível, indicavam que Benjamin sofria de uma neurose histérica, substrato de sua doença depressiva, e não de bipolaridade. Meu diagnóstico de neurose histérica, neurose histérica pré-depressiva, orientou o comentário que lhe fiz no fim da nossa primeira entrevista. Mas esse diagnóstico também foi o fator que, na sessão seguinte, me levou a retomar sua história com lápis e papel, a história de um histérico pré-depressivo que se descompensa em três ocasiões. Eu queria verificar se os episódios depressivos haviam ocorrido logo depois de uma decepção amorosa e se

Benjamin, ainda menino, fora objeto de uma ternura materna invasiva e excessivamente sensual. Assim foi que traçamos juntos a linha do tempo, assinalando nela tanto os traumas sofridos na infância e na adolescência quanto os choques emocionais que precipitaram os três episódios depressivos.

Cativado pelo esquema que acabávamos de desenhar, Benjamin pergunta se pode levá-lo para casa. Ao chegar na sessão seguinte, ele me surpreende estendendo sobre a minha escrivaninha um longuíssimo desenho de mais de dois metros, no qual todos os marcos da história da sua doença, desde a infância, estavam minuciosamente detalhados. Ao mesmo tempo, mostra-me um outro desenho, menor, no qual aparece o traçado de uma linha azul, com subidas e descidas, representando a evolução da sua depressão.

Depois dessa sessão decisiva, enveredamos por uma análise dedicada sobretudo a desatar os conflitos histéricos que levaram às decepções amorosas e chegaram até a depressão.

QUARTA LIÇÃO

Cérebro e depressão

Devemos agora mudar de vocabulário, pois vou lhes falar da psicopatologia neuronal da depressão, tal como a entendo enquanto psicanalista. Pareceu-me necessário incluir neste livro um capítulo sobre o atual estado das pesquisas em neurobiologia da depressão, pois estou convencido de que um terapeuta, médico ou não, deve conhecer outras abordagens além da sua para continuar sendo um interlocutor válido em suas trocas com os especialistas de disciplinas vizinhas, e sobretudo para melhor entender e tratar seu paciente deprimido. As considerações que agora lerão não poderiam ter sido feitas sem muitas conversas com colegas neuropsiquiatras que praticam o tratamento biológico da depressão, e também com meus amigos neurocirurgiões e neurocientistas especializados no cérebro.

Para me limitar ao essencial da psicopatologia neuronal da depressão, digamos — é a minha leitura — que os pesquisadores em neurociências identificaram **quatro disfunções** principais no cérebro da maioria das pessoas deprimidas. Mas, antes de detalhar cada uma dessas perturbações neuronais, gostaria de formular alguns conceitos preliminares.

Em primeiro lugar, devo dizer que nada prova que as anomalias cerebrais de que vou falar sejam causa ou consequência de um estado depressivo. Podemos afirmar apenas que muitas vezes estão presentes quando um doente sofre de depressão. Por isso os pesquisadores, quando publicam seus trabalhos, limitam-se a escrever que determinada disfunção cerebral está "associada" ou "implicada" na depressão, mas não que provoque a depressão ou dela resulte. Vamos formular de outra maneira. Até hoje, início de 2022, não sabemos exatamente como uma disfunção cerebral se traduz em sintomas depressivos, e tampouco sabemos de que maneira um antidepressivo eficaz, cujos mecanismos de ação no entanto são conhecidos, é capaz de reduzir esses sintomas. Em termos mais precisos: **não sabemos de que maneira uma falha na neurotransmissão do influxo nervoso gera a tristeza depressiva. E tampouco sabemos de que maneira o restabelecimento da transmissão elimina essa tristeza.** A única coisa de que temos certeza é que a tristeza depressiva **coexiste** com uma desordem cerebral.

Um outro dado preliminar. Se é verdade que o cérebro é o órgão do pensamento e da emoção, e que não podemos refletir nem nos emocionar sem que entrem em ação fenômenos neurobiológicos de incrível complexidade, também é verdade que esses fenômenos não dão conta completamente do conteúdo do pensamento ou da emoção. **Um observador jamais será capaz de ler os meus pensamentos, ainda que, explorando meu cérebro, veja na tela que determinada zona está ativada enquanto eu penso.** Paralelamente, se eu estiver deprimido, esse mesmo observador tampouco verá qual é a fantasia subjacente à minha tristeza depressiva, embora seja capaz de detectar, por ressonância magnética funcional (IRMf), que o meu hipocampo está atrofiado e que o grau de atrofia indica a duração provável da minha depressão. Claro que o pesquisador pode ver numa tela se estou pensando e mesmo se a emoção que toma conta de mim é uma emoção triste, mas jamais será capaz de ver em que eu estou pensando nem se estou triste quando, ao me deitar, por exemplo, tenho o desgosto de sentir na cama o lugar vazio da mulher que acaba de me deixar. Por mais que possamos constatar, por meio da imagiologia médica e dos biomarcadores, mudanças no volume e na atividade das diferentes regiões cerebrais, não descobriremos na tela as cenas fantasiadas, cenas de amor ou de ódio que são o substrato de nossos sentimentos e, além deles, dos nossos pensamentos e comportamentos.

> Falando de tela, ocorre-me uma comparação que resumirei numa frase: enquanto o pesquisador vê numa tela as variações do cérebro de um deprimido, o psicanalista vê na tela interior da sua intuição, vale dizer, na tela do seu *Inconsciente Instrumental*, a cena de conflito que faz vibrar esse cérebro. **Um vê a emoção** nas cores de um mapa de ativação cerebral, **o outro sente a emoção** visualizando mentalmente a cena de conflito que suscita a emoção de seu paciente.

Uma última observação. Em sua maioria, as **hipóteses neurobiológicas** que explicam as disfunções cerebrais no deprimido são **incertas**, apesar dos inegáveis avanços da pesquisa neurocientífica nos útimos sessenta anos ou mais. A grande dificuldade se deve à **impossibilidade de estudar *in vivo* os neurônios intracerebrais e suas perturbações.** Os numerosos trabalhos que tentam entender os mecanismos tão delicados da patologia da conectividade neuronal têm atualmente como fonte de estudo os marcadores periféricos da depressão imersos no plasma ou na urina. Outra fonte é a observação da disfunção químico-iônica das plaquetas sanguíneas, dos glóbulos vermelhos e dos glóbulos brancos, disfunção que seria semelhante à dos neurônios, com a vantagem de ser acessível. Dois outros meios de informação são a experimentação em animais e o estudo do tecido cerebral dos doentes mortos que foram acometidos de depressão. Recentemente, pesquisadores de vanguarda tentaram obter, a partir de uma cultura celular, um modelo de neurônio chamado "organoide", para simular virtualmente o funcionamento neuronal. Trata-se de um neurônio virtual animado em três dimensões (3-D). Seja como for, estamos vendo o quanto **as formas de acesso ao cérebro vivo por enquanto são necessariamente indiretas**. Apesar dos incríveis progressos por IRMf, por tensor de difusão (ITD), por ultrassons funcionais (fUltrasound) e, mais recentemente, pela magneto-encefalografia (MEG) e a eletroencefalografia quantificada (EEGq) — todas elas técnicas complementares que medem as modificações do volume e do grau de atividade das diferentes regiões cerebrais —, não obstante esses avanços, dizia eu, devemos reconhecer que **a depressão continua sendo um mistério que aumenta à medida que é elucidado.**

Nesse sentido, devo confessar que em minhas leituras e nas trocas com amigos pesquisadores me surpreendo com a abundância e a qualidade de suas publicações, mas sobretudo com a honestidade com que reconhecem a fragilidade de suas hipóteses. Alguns falam de "resultados contraditórios", outros escrevem que "não há resultados concludentes", outros ainda confessam que "a interpretação dos resultados é muito difícil" etc. Fiquei sabendo, por exemplo, que o princípio de semelhança que nos fazia estudar o funcionamento de uma plaqueta sanguínea para entender por analogia o funcionamento do neurônio é hoje questionado. Outro exemplo é o abandono do estudo dos marcadores da depressão encontrados no líquido cefalorraquidiano, estudo que se constatou não ser pertinente.

Aproveito a oportunidade para manifestar minha sincera simpatia aos colegas pesquisadores e minha admiração pelo rigor de suas investigações e pela modéstia com que avaliam seus progressos. Quero então lhes falar do prazer que tive em estudar a neurobiologia e o quanto fiquei cativado com esse universo incomensurável do nosso cérebro, em que se agitam e se entrelaçam mais de 90 bilhões de neurônios sem os quais não seríamos aquilo que somos, e ao mesmo tempo, no entanto, sem que nenhuma constelação desses neurônios possa explicar por que somos o indivíduo singular que somos.

Quatro disfunções cerebrais associadas à depressão

1. **Deficiência da neurotransmissão do influxo nervoso.** Passemos agora às disfunções cerebrais associadas à depressão. Selecionei quatro das mais importantes. A primeira, muito conhecida graças à pesquisa médica intensiva sobre os antidepressivos, é a deficiência da neurotransmissão do influxo nervoso. Quero lembrar que, num cérebro normal, o influxo nervoso é um impulso elétrico que avança a 480 quilômetros por hora, passando de um neurônio a outro, de um neurônio emissor a um neurônio receptor. Excitado por um estímulo, o emissor gera e propaga um influxo nervoso ao longo do seu axônio.

O que é o influxo nervoso? Para responder de uma maneira simples, digamos que o influxo nervoso é a propagação das ondas elétricas de neurônio em neurônio ao longo de axônios e dendritos. Quando o neurônio está em repouso, ou seja, quando não é estimulado, o exterior da sua membrana está carregado de íons de sódio positivos, ao passo que o interior está carregado de íons de potássio negativos. Quando o influxo se propaga, a polaridade se inverte: os íons de sódio positivos atravessam a membrana do neurônio em direção ao interior e se tornam negativos, enquanto, inversamente, os íons de potássio negativos atravessam a membrana para o exterior e se tornam positivos. O que é então o influxo nervoso senão uma energia eletrobioquímica produzida por uma inversão da polaridade iônica?

Uma vez estimulado, o neurônio emissor transmite o influxo nervoso ao neurônio receptor. Mas como transmite, como o influxo nervoso passa de um neurônio a outro? Liberando no espaço interneuronal (sinapse) certas substâncias químicas chamadas neurotransmissores que asseguram a passagem do influxo nervoso ao neurônio receptor. Ou, recorrendo a uma metáfora, o neurônio emissor envia mensageiros para a margem oposta, capaz de abrir as portas situadas na membrana do neurônio receptor e permitir a entrada dos íons de sódio e potássio. Uma vez no interior do neurônio receptor, os íons recuperam a polaridade de propagação do influxo nervoso: o sódio se torna negativo e o potássio se torna positivo. É assim que a corrente prossegue em seu impulso de neurônio em neurônio.

Liberados no espaço interneuronal, os neurotransmissores têm três destinos. Alguns alcançam o objetivo de se fixar nos receptores do neurônio-alvo; outros, em compensação, são recaptados pelo próprio emissor que acaba de liberá-los; outros enfim se disseminam nos tecidos ao redor ou são destruídos por enzimas como a monoaminoxidase (MAO). Cabe lembrar que pelo menos cem substâncias — em geral monoaminas ou proteínas elementares — podem agir como neurotransmissores, mas apenas dezoito têm grande importância para nós. As que nos interessam em particular são o glutamato, o aspartato, o GA-BA, a serotonina (5-HT), a noradrenalina (NA), a dopamina (DA), as endorfinas e as encefalinas.

Não devemos esquecer que também há, embora mais raramente, outro tipo de transmissão do influxo nervoso, mas dessa vez sem a intermediação dos neurotransmissores. Essa transmissão imediata sem dúvida é a mais rápida, pois os canais iônicos se ligam diretamente de um neurônio a outro.

Aí está o essencial do que lhes queria dar a conhecer da neurotransmissão normal, para melhor entender agora quais são suas deficiências associadas à doença depressiva. A primeira anomalia constatada, já há muito tempo, é a excessiva **degradação da serotonina e da noradrenalina** operada pela MAO, enzima de que acabamos de falar.

A outra anomalia da neurotransmissão relacionada à depressão é uma **recaptação excessiva** da serotonina e da noradrenalina pelo neurônio emissor que acaba de liberá-las. Para dizer de modo metafórico: os neurotransmissores saem pela "porta principal" do neurônio emissor e são imediatamente recuperados pelas "portas laterais" (receptores da serotonina incrustados na membrana do próprio neurônio emissor). Notemos que certos pesquisadores questionam hoje a teoria da recaptação, apesar de amplamente aceita na comunidade científica.

Normalmente, a serotonina e a noradrenalina deviam se manter numa certa taxa que assegure a transmissão ideal do influxo nervoso. Acontece que, com a enzima MAO, que as degrada fortemente no espaço interneuronal, ou com a recaptação excessiva efetuada pelo próprio neurônio emissor, as taxas de serotonina e noradrenalina caem, a transmissão do influxo nervoso se altera e sintomas psicológicos ou neurológicos se manifestam.

Os antidepressivos têm justamente o efeito de restabelecer a taxa normal dos neurotransmissores e assim restaurar a fluidez da transmissão do influxo nervoso. Como eles agem? Provavelmente de duas maneiras. Ou neutralizando a ação degradante da MAO, ou bloqueando os receptores laterais do neurônio emissor (as "portas de serviço") para impedir a recaptação da serotonina ou da noradrenalina e obrigar esses dois neurotransmissores a se dirigirem para as portas receptoras do neurônio que está em frente.

Para concluir, gostaria de acrescentar que a deficiência da neurotransmissão não é exclusiva da depressão. Vamos encontrá-la também, com variantes, em numerosas patologias, como o estado de ansiedade, o autismo, a mania, o mal de Parkinson, a doença de Alzheimer, a esquizofrenia e até nos estados dolorosos neuropáticos. É o que tínhamos a dizer sobre a primeira disfunção: deficiência na neurotransmissão.

II. **Alterações da neurogênese e da plasticidade cerebral**. Passemos agora à segunda disfunção cerebral associada à depressão. Ela se tornou um objeto de intensa pesquisa neurocientífica nos últimos vinte anos. Quando falo aqui de disfunção cerebral me refiro à **alteração da capacidade de regeneração** dos neurônios e suas sinapses. O cérebro, outrora considerado uma estrutura definitiva e fixa, se nos afigura hoje como capaz de se regenerar e se adaptar às mudanças. Essas duas faculdades do cérebro são chamadas respectivamente **neurogênese** e **plasticidade cerebral**. Ora, tanto uma quanto outra, detectáveis especialmente na região do hipocampo, são comprometidas em situações traumáticas. Desse modo, a depressão seria acompanhada de um enfraquecimento do potencial de regeneração e maleabilidade do cérebro.

III. **Perturbação do circuito neuro-hormonal e superprodução de cortisol.** A terceira disfunção igualmente associada à depressão é a alteração do circuito fechado neuro-hormonal: hipocampo ⟶ hipotálamo ⟶ hipófise ⟶ glândulas suprarrenais ⟶ córtex e retorno ao hipocampo. Em condições normais, as suprarrenais produzem um hormônio, o cortisol, que desempenha papel de amortecedor nas situações de estresse. Quanto ao hipocampo, quero lembrar que esse componente do sistema límbico, que tem a forma do peixinho homônimo (o cavalo-marinho) e se situa lá no fundo do lobo temporal, está associado à capacidade de aprendizado, memorização e orientação espacial. O hipotálamo, por sua vez, é uma zona do encéfalo do tamanho de uma uva que se encontra na base do cérebro. Produz hormônios que estimulam a hipófise, autêntico maestro endócrino. A hipófise controla muitas outras glândulas endócrinas, em especial as suprarrenais, que por sua vez secretam vários hormônios, entre eles a adrenalina (hormônio do estresse) e, como acabamos de dizer, o cortisol. Este último, se for excessivamente ativado no momento de um choque emocional, pode subir subitamente ao córtex, superexcitá-lo e simultaneamente saturar o hipocampo. Ora, como constatamos, na síndrome depressiva o circuito neuro-hormonal — *hipocampo* ⟶ *hipotálamo* ⟶ *hipófise* ⟶ *suprarrenais* ⟶ *córtex* ⟶ *hipocampo* — enlouquece e produz incessantemente um excedente tóxico de cortisol.

Gostaria aqui de recordar-lhes que o sistema límbico é uma parte central do cérebro que controla as reações instintivas, como a fuga ou o enfrentamento diante de um perigo. Os elementos desse sistema de forma anelar ou límbica têm um papel importante tanto na expressão de diversas pulsões e emoções como nas flutuações de humor e na elaboração de recordações.

IV. **Alterações do volume e da atividade das estruturas cerebrais envolvidas na depressão.** Por fim, a quarta anomalia cerebral associada à depressão foi revelada pela captação de imagens funcionais do cérebro. Já mencionamos as diferentes técnicas (IRMf, ITD e outras) que mostraram que pacientes deprimidos apresentam uma diminuição do volume global do cérebro e uma hiper- ou hipoatividade de certas estruturas cerebrais como o córtex cingulado subcaloso, o córtex órbitofrontal, o hipocampo ou a amígdala. Vejamos agora de maneira esquemática as variações do volume e da atividade das principais regiões do cérebro num deprimido.

• **O córtex cingulado anterior** é um mediador ativo entre a amígdala, o hipocampo e o córtex pré-frontal. Essa zona cortical interferiria nos comportamentos emocionais. No paciente deprimido, as imagens do cérebro mostraram que o volume e a atividade do córtex cingular anterior diminuem e que este não desempenharia mais o papel de mediador. Associamos essa hipertrofia do córtex cingulado anterior à **insensibilidade afetiva do deprimido**.

• O córtex pré-frontal e o córtex órbito-frontal são as sedes das funções cognitivas, como a atenção, a concentração, a memória e as tomadas de decisão. No deprimido, essas duas estruturas funcionam com lentidão e diminuem de volume, sobretudo no hemisfério esquerdo, normalmente envolvido nos sentimentos positivos. Associamos a alteração dessa estrutura cerebral (o córtex pré-frontal) à **desaceleração global e ao esgotamento do paciente deprimido**.

• O hipocampo, do qual já falamos, regula o estresse, ajuda na memorização de acontecimentos significativos e assegura a vivacidade da neurogênese. O hipocampo permite aprender e se adaptar à mudança. Associamos a atrofia do hipocampo à **rigidez do paciente deprimido e à sua dificuldade de se projetar no futuro**.

• A amígdala cerebral está envolvida em emoções negativas como medo, agressividade ou pessimismo. Apesar de ter seu volume diminuído nos estados depressivos, a atividade da amígdala aumenta consideravelmente. Associamos essa superatividade da amígdala à **hipersensibilidade do pré-depressivo** e à **ruminação obsessiva do deprimido**.

Um último comentário. No momento em que lhes falo, não sabemos se essas disfunções neuro-hormonais já estão geneticamente presentes no cérebro do recém-nascido (*predisposição hereditária à depressão*), se foram provocadas por um trauma no cérebro saudável da criança ou do adolescente (*predisposição adquirida*) ou se são consequência de um colapso depressivo.

Um trauma pode alterar nosso destino

Sem prejuízo da determinação do fator genético, tendo a pensar — como puderam perceber ao longo das lições anteriores — que as disfunções cerebrais de que acabo de falar seriam provocadas na infância por um impacto traumático que atinge um psiquismo ainda em gestação. Diferentes estudos mostraram, graças às neuroimagens, que no momento de um trauma infantil ocorrem numerosas rupturas de conexões neuronais nas regiões corticais e límbicas do cérebro da criança. Essas rupturas precoces continuam latentes durante toda a vida, como brasas que não se apagam. Ao se ter um choque emocional na idade adulta, as antigas brasas se inflamam ou, se preferirem, as antigas rupturas interneuronais se ativam, a velocidade do influxo nervoso diminui e o sujeito cai em depressão.

Aqui cabe uma precisão terminológica. Quando eu disse que *o impacto traumático atinge um psiquismo ainda em formação*, imagino que nossos colegas pesquisadores teriam expressado a mesma ideia dizendo que *o impacto traumático quebra as conexões interneuronais ainda em formação*. Aos meus olhos, psiquismo e conexões interneuronais são a mesma coisa: o substrato de um ser. Quando o substrato é afetado, o destino é alterado.

★

A psicanálise pode mudar o cérebro

Os neurocientistas (como David Linden em "How Psychotherapy Changes the Brain: The Contribution of Functional Neuroimagery" e Hakan Karlsson em "How Psychotherapy Changes the Brain: Understanding the Mechanisms", entre outros) observaram, em imagens funcionais do cérebro, melhoras da atividade cerebral em pacientes deprimidos que se trataram com psicoterapia. E de fato muitos de nós reconhecemos hoje que as disfunções neuronais tendem a se normalizar não só graças à ação dos antidepressivos como também pela ação de um intercâmbio bem azeitado entre paciente e terapeuta. Não posso afirmar simplesmente, contudo, que a psicoterapia melhora o cérebro do paciente deprimido. Não, não é a psicoterapia, é a psicanálise tal como a pratico: o psicanalista, por sua presença emocionalmente ativa, insufla no paciente deprimido o desejo de viver. É essa qualidade de troca intensa e calorosa, em que o paciente se entrega com toda confiança a um psicanalista que, por sua vez, se compromete, exercendo uma **tripla empatia**, é essa qualidade de relação que eu chamo de psicanálise. E é também essa qualidade de relação que pode mudar o cérebro do deprimido. Na lição anterior, dedicada ao tratamento psicanalítico da depressão, vocês me viram praticando a **tripla empatia** para ajudar a pequena Clara, a bebê deprimida, a se curar.

QUINTA LIÇÃO

A depressão covid-19

Nesta última lição, gostaria de compartilhar com vocês minha experiência, como psiquiatra e psicanalista, no tratamento de pacientes que entraram em depressão por não suportarem mais a opressão dessa epidemia interminável. *"Basta! Estou farto! Não aguento mais!"*, me dizem.

A situação é dramática! Sabemos que as medidas preventivas tomadas atualmente contra essa doença invisível e insidiosa que é a covid-19, com suas variantes, têm consequências nefastas no moral de muitos de nós. O remédio se revela perigoso, assim como a doença.

O número de pessoas deprimidas triplicou desde o surgimento da epidemia e decuplicou nos últimos meses. E, se pensarmos nas tensões psicológicas que se acumulam desde o confinamento, o desconfinamento, o reconfinamento, o toque de recolher e agora o atraso incompreensível da vacinação, além da ameaça das novas variantes do vírus, veremos que as consultas em razão de depressão se multiplicaram por oito! Muitos colegas psiquiatras e eu mesmo recebemos no momento cada vez mais pacientes que deprimem, e sempre pelos mesmos motivos. Fui de tal maneira surpreendido por essa espécie de depressão epidêmica que a batizei de **depressão covid-19**, variante inédita da depressão clássica que já conhecemos.

Para melhor entender o que é a **depressão covid-19**, gostaria de compará-la com a depressão clássica. Normalmente, o paciente deprimido sofre de uma tristeza persistente, fecha-se em si mesmo, se maltrata e se despreza. Ele não se ama. Está constantemente cansado e sem energia. Frequentemente a depressão clássica é desencadeada por um choque emocional numa pessoa já extremamente sensível que acaba de perder alguém ou alguma coisa de que dependia visceralmente. Todo aquele que deprime, deprime porque perdeu um ser, um bem material ou mesmo um ideal que amava com uma paixão doentia.

O que podemos dizer então sobre a **depressão covid-19**?

A depressão covid-19 não é a depressão clássica

Em contraste com a depressão clássica, a **depressão covid-19** é mais leve na intensidade dos sintomas e de duração mais breve. Se a crise sanitária acabar, a depressão acaba! O deprimido covid não está tão atolado em sua tristeza quanto o deprimido clássico. Claro, ele está triste, mas com uma **tristeza ansiosa e irritada**. Ao contrário do deprimido comum, ele não se despreza, mas despreza todo o mundo de maneira **compulsiva e repetitiva**. Enquanto o deprimido clássico é agressivo contra si mesmo, "Não presto para nada!", o deprimido covid é agressivo contra os outros: "Eles não prestam para nada!". Apesar de abatido, ele não consegue deixar de insultar tanto o governo, por sua "incompetência e incoerência", quanto os médicos, por seus posicionamentos "hipócritas e contraditórios" nos debates na televisão. Para ele, todos são culpados pela gestão desastrosa da crise sanitária. Não tem mais confiança na autoridade dos políticos e dos médicos. E, ao perder a confiança, perde implicitamente a proteção garantida por um líder. Decerto todos precisamos da autoridade, de acreditar numa autoridade que nos oriente e nos proteja.

Sigamos com a minha comparação entre a depressão comum e a **depressão covid-19**. Na depressão comum, eu estou desesperado: a doença está em mim e eu não me amo, perco a autoestima; na **depressão covid-19**, estou exasperado: a doença está lá fora, eu desprezo todo o mundo mas preservo a autoestima.

Ora, a grande diferença entre a depressão comum e a **depressão covid-19** se situa no tipo da causa que as provoca. A depressão epidêmica não é desencadeada após um choque emocional, por exemplo pela traição de um ente querido ou a perda de um emprego. Não, a **depressão covid-19** é desencadeada após um **acúmulo insuportável de angústia**. Enquanto a causa que desencadeia a depressão comum é o impacto maciço de um choque emocional, a causa que desencadeia a depressão epidêmica é uma sucessão de privações, injustiças e frustrações ansiogênicas e insuportáveis. Assim, o futuro deprimido covid-19, tomado de angústia, se irrita facilmente, fica exausto de se enervar e aos poucos resvala para a depressão.

Proponho então a seguinte gradação: **contrariedades** incessantes ⟶ **angústia** que aumenta ⟶ **irritação** e **exasperação** contra as autoridades incompetentes ⟶ **cansaço** e **desânimo** ⟶ e por fim, desmoronamento na **depressão covid-19**.

A depressão covid-19 se manifesta no ponto culminante da angústia

Antes de me deter na **depressão covid-19**, gostaria de falar um momento da angústia.

A angústia causada pela atual situação sanitária se apresenta de quatro maneiras diferentes. A primeira é o medo da doença, o temor de ser contaminado e morrer isolado no hospital, ou então o medo de contaminar um ente querido.

Uma segunda angústia é a de ser obrigado a ficar confinado em casa, angústia que tem duas variantes opostas. Uma é aquela na qual nos angustiamos por não mais sentir a presença vivificante de quem amamos: os avós, os filhos, os netos, os irmãos, as irmãs e muitos outros, ou por não visitar mais nossos amigos, que sempre nos fazem felizes. Felizes com o quê? Felizes de nos sentirmos bem conosco mesmos. A outra variante da angústia causada pelo confinamento está no extremo oposto do isolamento: nos sentimos sufocados pelos entes queridos com os quais ficamos condenados a viver encerrados o tempo todo. Ou nos angustiamos por estar isolados, ou nos angustiamos por nos sentirmos invadidos. Ou bem o outro nos faz falta, ou bem nos pesa.

A terceira angústia é provocada pela incerteza econômica e pelo temor de perder o trabalho, de falir ou se endividar para sempre.

E, para terminar, o quarto tipo de **angústia covid-19** é o medo do desconhecido, de um futuro incerto que nos impede de nos projetarmos além do presente. É o medo de não saber quando acabará essa crise sem fim e quais serão as surpresas desagradáveis que nos esperam, uma vez vencida a epidemia. A incerteza de não saber o que será de nós é o tormento mais difícil de suportar de todos.

Podem ver agora que o que me levou a qualificar essa depressão epidêmica de **depressão covid-19** foi o crescente número de pessoas tão fortemente angustiadas pela situação sanitária que acabaram ficando deprimidas. A angústia acumulada, portanto, gerou a tristeza. Como entender esse salto da angústia para a tristeza? Para responder, quero primeiro definir a angústia, e depois a tristeza.

A angústia é um **temor**, o temor de perder o que me é vital. Quando falei dos quatro tipos de **angústia covid-19**, o temor era de ser **contaminado** e perder a **saúde** que me é vital; de ficar **confinado** e perder a **presença afetuosa dos outros, que me é igualmente vital**; ou, em sentido inverso, de ser **invadido** e perder minha preciosa **intimidade**. Ou ainda o temor de ficar **sem trabalho** e perder minha indispensável estabilidade material; e por fim, o temor de **não mais vislumbrar um horizonte** e perder a certeza de ser esperado, o que também me é vital. E me é vital porque, me sentindo esperado, eu me sinto plenamente eu mesmo.

Nesse período estressante que atravessamos, cada um de nós certamente descobre o que lhe é vital. Se eu tivesse de enumerar o que nos é vital e que tememos perder, eu proporia o seguinte:

– Preciso do **corpo** para ser eu mesmo, e, se possível, de um corpo que não sofra.

– Preciso do **outro** para ser eu mesmo, mais exatamente do **amor**, do **amor do outro**, do seu afeto misturado ao meu. Preciso me sentir amado e sobretudo amar para ser eu mesmo.

– Preciso **agir** para ser eu mesmo, ou seja, realizar o que tenho a realizar, e se possível com prazer.

– E, acima de tudo, preciso **me sentir esperado** para ser eu mesmo, saber que existe no mundo alguém que me espera, que eu faço a diferença para alguém. É exatamente o oposto do deserto do deprimido: ele sente que ninguém o espera e que ele não tem importância alguma.

Ser saudável, ser amado e amar, ser ativo e se sentir esperado: eis o que nos é vital, sem nem precisarmos pensar nisso. Justamente quando pensamos no que nos é vital e ficamos com medo de perdê-lo, é aí que surge a angústia.

Mas atenção! Claro que podemos todos nos angustiar diante das diversas ameaças da crise sanitária, mas não a ponto de sofrer de uma angústia tão exacerbada que leve à depressão. Mais ainda: nem todos os que sofrem de angústia exacerbada necessariamente cairão em depressão. Sejamos claros, então. Diante das circunstâncias inéditas da crise atual, **há aqueles que sabem se adaptar sem muita angústia, outros que se angustiam de maneira extrema e, entre estes, os que podem entrar em depressão.**

Por isso, se me perguntarem *"Todos nós podemos nos tornar deprimidos covid-19?"*, eu respondo que não! Só ficarão deprimidas as pessoas que, já muito ansiosas, não forem capazes de suportar as numerosas limitações impostas pela crise.

Passemos agora à tristeza que está no cerne da depressão. Se a **angústia** é o temor de perder o que nos é vital, a **tristeza** é a **dor** de tê-lo perdido ou... de achar que o perdemos. A angústia é um sentimento de antecipação, a ameaça de um mal futuro; a tristeza, por sua vez, é um sentimento de desolação, o tormento de um mal presente.

Marcos, um deprimido covid-19

Para lhes mostrar a passagem da angústia para a depressão, penso num paciente, Marcos, dono de um cinema de bairro, que ficou deprimido recentemente quando o governo francês anunciou, no dia 15 de dezembro de 2020, que todas as salas de espetáculos deviam ficar fechadas por período indeterminado. Antes do anúncio, Marcos já sofria de uma angústia que se agravara à medida que se sucediam más notícias a respeito do mundo da cultura e ante a ideia de ter de fechar definitivamente o seu cinema. Logo depois do anúncio, ele se mostrou extremamente irritado com as autoridades e com a inércia das associações de defesa do cinema. Rapidamente os primeiros sintomas de uma depressão se manifestaram: tristeza, abatimento e o sentimento de que não adiantava nada continuar lutando para salvar sua empresa.

Como vemos, quando se pressente uma desgraça, surge a **angústia**; e quando a desgraça acontece, instala-se a **depressão**.

Sete recomendações para ajudar um amigo deprimido covid-19

Antes de concluir, gostaria de lhes sugerir alguns gestos simples para acompanhar da melhor forma possível nosso ente querido ou nosso amigo que sofre de **depressão covid-19**.
• Em primeiro lugar, não esqueçam que a **depressão covid-19** é passageira e nosso parente ou amigo deprimido rapidamente ficará curado.
• Ao reconfortar uma pessoa deprimida, lembrem-se de que o essencial não são as palavras, mas a convicção com que são ditas, uma convicção serena que a pessoa perceba na sua voz e até na sua maneira de ser.
• Sejam portanto reconfortantes e atentos, mas sem exagero.

Às vezes é necessário se mostrar firme sem ser frio nem desagradável.
• Outras vezes, um silêncio comovido, uma presença silenciosa e calorosa é mais encorajadora que todas as palavras de apoio.
• É preferível não discutir com o deprimido os motivos que, segundo ele, justificam seu sofrimento. Não mencionem as queixas nem as ruminações obsessivas e mórbidas dele. Deixem que se queixe e, com respeito, ouçam sem contradizê-lo. É melhor convidá-lo a falar da infância e às vezes pedir que mostre velhas fotos de família, a serem comentadas junto com ele. Surpreendam-no convidando-o a falar detalhadamente de determinado momento significativo da sua história.
• Mostrem-lhe os aspectos positivos da sua pessoa, assim como os desafios que ele já enfrentou na vida e que lhe permitiram ser o homem ou a mulher que se tornou.
• Se tivesse de escolher apenas uma das minhas recomendações, eu diria: com a intensidade da sua presença e a autenticidade da sua emoção, vocês conseguirão restituir ao amigo deprimido o gosto e a força de agir.

*

Antes de terminar esta quinta lição, queria dizer-lhes uma última palavra sobre nossa profissão de analistas. Sabemos que o trabalho é um excelente remédio para evitar a depressão. Cada vez que tenho uma sessão com um paciente, cada vez que dou início a um tratamento, cada vez que escrevo as primeiras linhas de um livro, eu afirmo, sem me dar conta, a vontade de insistir em meu ser, de continuar sendo, de querer existir até onde puder e desenvolver minhas potencialidades ao máximo.

Quinta lição

Esse impulso para adiante, esse desejo de perseverar no que sou para ser melhor do que sou, essa vontade renovada a cada manhã, esse é o ideal que me é mais caro. Assim, confesso-lhes que o ideal que me guia não é tanto atingir um objetivo, mas persistir em atingi-lo, ter força para cumprir o que devo cumprir. Sem dúvida o esforço vale mais que a obra terminada, já que graças ao esforço saboreamos a alegria íntima de dobrar as resistências e de nos superarmos.

Diremos então que nossa prática nos protege de nossa própria tristeza? O exercício da escuta, que recomeçamos diariamente, nos leva a estarmos disponíveis sem pensar que o estamos. Ao escutar a queixa de meu paciente, deixo de lado minhas tristezas, me esqueço de mim mesmo e, paradoxalmente, sou mais que nunca eu mesmo.

Referências bibliográficas

Quero aqui prestar uma vibrante homenagem aos muitos psicanalistas europeus, americanos e latino-americanos que publicaram inúmeros artigos e livros importantes sobre a depressão no período que vai de 1940 a 1970. Consultando a infinidade de publicações dessa época sobre os diversos aspectos da depressão, ficamos impressionados com a riqueza dos temas tratados, o rigor com que foram tratados e sobretudo com o imenso esforço de pensamento que esses trabalhos representam. Todas essas inestimáveis contribuições psicanalíticas e psiquiátricas nos ensinaram hoje a pensar melhor sobre a depressão e a cuidar melhor de nossos pacientes deprimidos.

ABRAHAM, Karl. *Œuvres complètes*. Paris: Payot, 1965. Ver v. 1, p. 99; v. 2, pp. 255-314.
Em seus escritos, Abraham fala do ódio selvagem do melancólico, ao passo que aqui neste livro falamos da tristeza carregada de ódio do deprimido. São dois ódios muito diferentes! Se o ódio do melancólico pulveriza o eu (suicídio radical), no deprimido o ódio consolida o eu.
AZORIN, Jean Michel; DASSA, D. "Structures prédépressives". In OLIÉ, J. P.; POIRIER, M. F.; LÔO, H. *Les Maladies dépressives*. Paris: Flammarion, 1995, pp. 470-80.
BASSO, Armando. "Entrevista con el dr. A. Basso". *Revista Argentina de Neurocirugía*, v. 29, n. 4, 2015.
BECK, Aaron Temkin. "Thinking and Depression". *Arch Gen Psychiatry*, n. 9, pp. 324-33, 1963.
BIBRING, Edward. "The Mechanism of Depression". In: GAYLIN, William (Org.). *The Meaning of Despair*. Nova York: Science House, 1968.
BLEICHMAR, Hugo B. *La depresión: Un estudio psicoanalítico*. Buenos Aires: Nueva Visión, 1991. [Ed. bras.: *Depressão: Um estudo psicanalítico*. Trad. de Maria Cecília Tscheidel. Porto Alegre: Artes Médicas, 1983.]
BOUVET DE LA MAISONNEUVE, Olivier. *Narcisse et Œdipe vont à Hollywood: Psychanalyse et dépression*. Paris: Odile Jacob, 2017.

DARÍO, Rubén. *Chants errants*. Paris: La Délirante, 1998, p. 11.
DUCROCQ, François et al. "Dépression et état de stress post-traumatique: Complication ou comorbidité?". *Stress et Trauma*, n. 4, pp. 113-20, 2004.
ECKERMANN, Johann Peter; GOETHE, Johann W. *Conversations de Goethe pendant les dernières années de sa vie*. Paris: Charpentier, p. 426. v. 1. [Ed. bras.: *Conversações com Goethe nos últimos anos de sua vida: 1823--1832*. Trad. de Mario Frungillo. São Paulo: Editora da Unesp, 2016.]
EY, Henry. "Contribution à l'étude des relations des crises de mélancolie et des crises de dépression névrotique". *L'Évolution Psychiatrique*, n. 3, pp. 532-53, 1955.
FOSSATI, Philippe; MAURAS, Thomas. "Imagerie et dépression". In: FOSSATI, Philippe (Org.). *Imagerie cérébrale en psychiatrie*. Paris: Lavoisier, 2015, pp. 125-36.
FREUD, Sigmund. "Quelques types de caractère dégagés par la psychanalyse". In: _____. *Essais de psychanalyse appliquée*. Paris: Gallimard, 1980, p. 106.

_____. "Deuil et mélancolie". In: _____. *Métapsychologie*. Paris: Gallimard, 1968, pp. 145-71 e 259-78. [Ed. bras.: "Luto e melancolia". In: _____. *Obras completas*, v. 14. Trad. de Paulo César de Souza. São Paulo: Companhia das Letras, 2010.]

_____. *L'Avenir d'une illusion*. Paris: PUF, 1971. [Ed. bras.: *O futuro de uma ilusão*. In: _____. *Obras completas*, v. 14. Trad. de Paulo César de Souza. São Paulo: Companhia das Letras, 2010.]

_____. "L'Analyse avec fin et l'analyse sans fin". In: *Résultats, idées, problèmes*. v. 11. Paris: PUF, 1985, p. 254. [Ed. bras.: "Análise terminável e interminável". In: _____. *Obras completas*, v. 19. Trad. de Paulo César de Souza. São Paulo: Companhia das Letras, 2018.]
GÉRARD, Alain. *Dépression: La maladie du siècle*. Paris: Albin Michel, 2010.
GRINBERG, Léon. *Culpabilité et dépression*. Paris: Les Belles Lettres, 1992. [Ed. port.: *Culpa e depressão*. Lisboa: Climepsi, 2019.]
JANET, Pierre. *De l'Angoisse à l'extase*. Paris: Alcan, 1926, pp. 217-357.
KAPSAMBELIS, Vassilis (Org.). *Manuel de psychiatrie clinique et psychopathologique de l'adulte*. Paris: PUF, 2015.
KARLSSON, Hakan. "How Psychotherapy Changes the Brain: Understanding the Mechanisms". *Psychiatric Times*, v. 28, 2011.
KREBS, Marie Odile; BOURGIN, Julie; POIRIER, Marie-France. "Neurobiologie de la dépression". In: GOUDEMAND, Michel (Org.). *Les États dépressifs*. Paris: Lavoisier, 2010.

LACAN, Jacques. *Televisión*. Buenos Aires: Paidós, s. d. [Ed. bras.: *Televisão*. Trad. de Antonio Quinet. Rio de Janeiro: Zahar, 1993.]

_____. *El seminário*. Livro v: *Las formaciones del inconsciente*. Buenos Aires: Paidos, s. d. Lição de 19 mar. 1958. [Ed. bras.: *O seminário*. Livro 5: *As formações do inconsciente*. Trad. de Vera Ribeiro. Rio de Janeiro: Zahar, 1999.]

LEBIGOT, François. *Traiter les traumatismes psychiques*. Paris: Dunod, 2016.

LEMOINE, Patrick. *Dépression*. Paris: Larousse, 2006.

LEVY, Fanny; JOUVENT, Roland. "Vers une Compréhension des mécanismes des psychothérapies". In: FOSSATI, Philippe (Org.). *Imagerie cérébrale en psychiatrie*. Paris: Lavoisier, 2015, pp. 285-92.

LINDEN, David. "How Psychotherapy Changes the Brain: The Contribution of Functional Neuroimagery". *Molecular Psychiatry*, v. 11, pp. 528-38, 2006.

MARCELLI, Daniel; CATRY, Carole. "Dépression chez l'adolescent". In: GOUDEMAND, Michel (Org.). *Les États dépressifs*. Paris: Lavoisier, 2010, pp. 49-60.

NACHT, Sacha; RACAMIER, Paul-Claude. "La Dépression". *Revue Française de Psychanalyse*, v. 32, n. 3, pp. 569-73, 1968.

NASIO, Daphné. *La Tristesse après le délire ou la dépression postpsychotique chez le patient schizophrène stabilisé*. Paris: École de Psychologues Praticiens, 2007. Tese de doutorado.

NASIO, J.-D. *Enseignement de 7 concepts cruciaux de la psychanalyse*. Paris: Payot, 2016. [Ed. bras.: *Lições sobre os 7 conceitos cruciais da psicanálise*. Trad. de Vera Ribeiro. Rio de Janeiro: Zahar, 1989.]

Nesse livro desenvolvo o conceito de Foraclusão.

_____. *La Douleur d'aimer*. Paris: Payot, 2020. [Ed. bras.: *A dor de amar*. Trad. de Lucy Magalhães. Rio de Janeiro: Zahar, 2007.]

Nesse livro desenvolvo os conceitos de luto normal e luto patológico.

_____. *Por qué repetimos siempre los mismos errores?*. Buenos Aires: Paidós, 2013. [Ed. bras.: *Por que repetimos os mesmos erros?*. Trad. de André Telles. Rio de Janeiro: Zahar, 2013.]

Aqui desenvolvo o conceito de "tripla empatia operada pelo psicanalista" e o de "trauma psíquico infantil".

_____. *Si, la psicoanálisis cura!*. Buenos Aires: Paidós, 2016. [Ed. bras.: *Sim, a psicanálise cura!*. Trad. de Eliana Aguiar. Rio de Janeiro: Zahar, 2019.]

Aqui mostro como o psicanalista trabalha.

OLIÉ, Jean-Pierre et al. "Chimiothérapies antidépressives". In: GOUDEMAND, Michel (Org.). *Les États dépressifs*. Paris: Lavoisier, 2010.

RADÓ, Sandor. "El problema de la melancolía". In: GARMA, Angel; RASCOVSKY, Luis. *Psicoanálisis de la melancolía*. Buenos Aires: Asociación Psicoanalítica Argentina, 1948.

SULLY, James. *Les Illusions des sens et de l'esprit*. Paris: Baillière, 1883, pp. 134 e 225.

ZETZEL, Elizabeth. "The Predisposition to Depression". *Canadian Psychiatric Association Journal*, n. 11, pp. 236-49, 1966.

Índice geral

PRIMEIRA LIÇÃO **O que é a depressão?** 9

Dois pontos de vista sobre a depressão: Descritivo e psicanalítico 14

A depressão é uma tristeza anormal provocada pela perda de uma ilusão 15

A depressão é a espuma da neurose 19

O que todo clínico precisa saber antes de atender um paciente deprimido 22

- O episódio depressivo pode ceder espontaneamente sem qualquer tratamento 22
- Alexandre ou Os benefícios da depressão 23
- Francisca ou O naufrágio na depressão crônica 24
- Michiko ou O horror da melancolia 26
- Por que existem tantos deprimidos? 31

Retrato de uma pessoa deprimida: Tristeza, menosprezo por si mesma e apagamento emocional 33

- 1. A tristeza do deprimido 34

O que é a tristeza normal? 35

A tristeza depressiva 36
- ▸ Os dois modos de aparição da tristeza depressiva 37
- ▸ Como é vivenciada a tristeza depressiva? 37
- ▸ Os três graus de intensidade da tristeza depressiva 39

Uma depressão sem tristeza! Depressão oculta e depressão hostil 40
- ▸ Conversão da tristeza depressiva em doenças somáticas e comportamentos adictos ou comportamentos violentos 40

- 2. O menosprezo obsessivo por si mesmo 42

- 3. A insensibilidade afetiva do deprimido 43

Quadro comparativo entre a tristeza normal e a tristeza depressiva 51

SEGUNDA LIÇÃO **Qualquer um pode ficar deprimido?** 61

Esquema da depressiogênese: A depressão em quatro tempos 64

O ritmo da depressão 66

A causa genética da depressão 67

Quadro: o que é uma ilusão? 68-9; 70

A causa desencadeadora da depressão é o choque emocional de uma desilusão (tempo 3) 71

Os objetos de amor idolatrados cuja perda acarreta a depressão 72
- Perder o ser querido e idolatrado 72
- Perder a maravilhosa sensação de estar apaixonado 73
- Perder o amor-próprio desmedido 73
- Perder minha sagrada saúde 75
- Perder minha juventude idolatrada 75
- Perder minha casa ou meu trabalho, ou ainda meu ideal ou meu dinheiro, todos objetos que venero 77

O choque emocional de hoje é o despertar do trauma psíquico de ontem 79

A causa latente da depressão é uma neurose grave (tempo 2), e a neurose grave é a consequência de um trauma infantil (tempo 1) 80

O trauma psíquico infantil está na origem da depressão 81

Fulminada pelo trauma, a criança se defende crispando-se numa reação de narcisismo e hipersensibilidade, duas defesas que vão forjar seu caráter de adulto neurótico, predisposto à depressão 84

"Eu, Antônio, vou contar como entrei em depressão" 85

Retrato do neurótico vulnerável à depressão: Dependente, insatisfeito, rígido e hipersensível, e em outros casos narcísico e angustiado 88
- Glória: Do narcisismo exacerbado à angústia, e da angústia à súbita queda na depressão 89
- Alice ou O pedido desesperado por internação 92

Considerações teóricas sobre o narcisismo e a hipersensibilidade 94
  • 1. O narcisismo exacerbado do pré-depressivo 95
  O que é o narcisismo saudável? 96
  O que é o narcisismo doentio? 97
  O neurótico pré-depressivo é um drogadicto da ilusão 98
  • 2. A hipersensibilidade do pré-depressivo 99
  Quadro: *Detectar a vulnerabilidade depressiva e prevenir a depressão* 105
  Atenção! Nem toda pessoa traumatizada na infância será necessariamente pré-depressiva, e nem toda pessoa pré-depressiva cairá necessariamente em depressão! 122
  Nossas quatro definições da depressão 123

TERCEIRA LIÇÃO **Como ajudo meus pacientes deprimidos a se curarem? Uma nova maneira de tratar a depressão** 125

Laurent ou O suposto burnout 128

Clara, a bebê que se deixava morrer 133

Duas missões que devem ser desempenhadas por um psicanalista para guiar seu paciente deprimido em direção à cura 138

Uma nova maneira de tratar a depressão: A Interpretação gráfica 145

Benjamin, um exemplo de Interpretação gráfica 148

QUARTA LIÇÃO **Cérebro e depressão** 151

Quatro disfunções cerebrais associadas à depressão 157
  I. Deficiência da neurotransmissão do influxo nervoso 157
  II. Alterações da neurogênese e da plasticidade cerebral 160
  III. Perturbação do circuito neuro-hormonal e superprodução de cortisol 161
  IV. Alterações do volume e da atividade das estruturas cerebrais envolvidas na depressão 162

Um trauma pode alterar nosso destino 164
A psicanálise pode mudar o cérebro 165

QUINTA LIÇÃO **A depressão covid-19** 167
A depressão covid-19 não é a depressão clássica 170
A depressão covid-19 se manifesta no ponto culminante da angústia 171
Marcos, um deprimido covid-19 174
Sete recomendações para ajudar um amigo deprimido covid-19 175

Referências bibliográficas 179

Caro leitor e cara leitora, receberei com prazer os comentários que a leitura deste livro lhes inspirar.

J.-D. N.
nasio@orange.fr

Coleção Transmissão da Psicanálise

Não Há Relação Sexual
Alain Badiou

Fundamentos da Psicanálise de Freud a Lacan
(4 volumes)
Marco Antonio Coutinho Jorge

Histeria e Sexualidade

Transexualidade
Marco Antonio Coutinho Jorge; Natália Pereira Travassos

Por Amor a Freud
Hilda Doolittle

A Criança do Espelho
Françoise Dolto e J.-D. Nasio

O Pai e Sua Função em Psicanálise
Joël Dor

Introdução Clínica a Freud

Introdução Clínica à Psicanálise Lacaniana
Bruce Fink

A Psicanálise de Crianças e o Lugar dos Pais
Alba Flesler

Freud e a Judeidade
Betty Fuks

A Psicanálise e o Religioso
Philippe Julien

Alguma Vez É Só Sexo?

Gozo

O Que É Loucura?

Simplesmente Bipolar
Darian Leader

Freud e a Descoberta do Inconsciente
Octave Mannoni

5 Lições sobre a Teoria de Jacques Lacan

9 Lições sobre Arte e Psicanálise

Como Agir com um Adolescente Difícil?

Como Trabalha um Psicanalista?

A Depressão É a Perda de uma Ilusão

A Dor de Amar

A Dor Física

A Fantasia

Os Grandes Casos de Psicose

A Histeria

Introdução à Topologia de Lacan

Introdução às Obras de Freud, Ferenczi, Groddeck, Klein, Winnicott, Dolto, Lacan

Lições sobre os 7 Conceitos Cruciais da Psicanálise

O Livro da Dor e do Amor

O Olhar em Psicanálise

Os Olhos de Laura

Por Que Repetimos os Mesmos Erros?

O Prazer de Ler Freud

Psicossomática

O Silêncio na Psicanálise

Sim, a Psicanálise Cura!
J.-D. Nasio

Guimarães Rosa e a Psicanálise
Tania Rivera

A Análise e o Arquivo

Dicionário Amoroso da Psicanálise

Em Defesa da Psicanálise

O Eu Soberano

Freud — Mas Por Que Tanto Ódio?

Lacan, a Despeito de Tudo e de Todos

O Paciente, o Terapeuta e o Estado

A Parte Obscura de Nós Mesmos

Retorno à Questão Judaica

Sigmund Freud na sua Época e em Nosso Tempo
Elisabeth Roudinesco

O Inconsciente a Céu Aberto da Psicose
Colette Soler

1ª EDIÇÃO [2022] 2 reimpressões

ESTA OBRA FOI COMPOSTA POR MARI TABOADA EM DANTE PRO E IMPRESSA EM OFSETE PELA LIS GRÁFICA SOBRE PAPEL PÓLEN DA SUZANO S.A. PARA A EDITORA SCHWARCZ EM MARÇO DE 2025

A marca FSC® é a garantia de que a madeira utilizada na fabricação do papel deste livro provém de florestas que foram gerenciadas de maneira ambientalmente correta, socialmente justa e economicamente viável, além de outras fontes de origem controlada.